日本推理
名家名作选萃

锁闭之城

[日] 森村诚一等著

徐明中 译

文匯出版社

图书在版编目（CIP）数据

锁闭之城 /（日）森村诚一等著；徐明中译．—上海：文汇出版社，2018.4

（日本推理名家名作选萃）

ISBN 978-7-5496-2507-9

Ⅰ．①锁… Ⅱ．①森… ②徐… Ⅲ．①推理小说—小说集—日本—现代 Ⅳ．① I313.45

中国版本图书馆 CIP 数据核字（2018）第 050810 号

锁闭之城

责任编辑 / 戴　铮
封面装帧 / 黄晨伟

出 版 人 / 桂国强

出版发行 / 文匯出版社
上海市威海路755号
（邮政编码200041）
经　　销 / 全国新华书店
照　　排 / 上海歆乐文化传播有限公司
印刷装订 / 上海宝山译文印刷厂
版　　次 / 2018年5月第1版
印　　次 / 2018年5月第1次印刷
开　　本 / 890×1240　1/32
字　　数 / 170千
印　　张 / 7.125

书　　号 / ISBN 978－7-5496-2507-9
定　　价 / 28.00元

目　录

锁闭之城

（日）森村诚一

序

“现在怎么还有这种不守规定的家伙！”辻桥基男皱起眉头咕哝道。

垃圾堆集点里，一只纸板箱没有区分地装着空瓶子和空罐头等杂物。

今天是“可燃性垃圾收集日”，不是“非可燃性垃圾收集日”。非可燃性垃圾分金属类和玻璃类两个大类，如果有人擅自违反了规定，混淆分类，不但那些垃圾不予收集，当事人还将受到都清管局和街道自治会的严重警告。

从杂乱的垃圾物品来看，似乎是年轻的独身男子的生活用品，其中的空酒瓶和快速食品的包装盒特别显眼。

辻桥离开垃圾堆集点不久又返回来，准备进一步调查垃圾的物品去提醒当事人。他是公寓自治会的负责人，负有严格监管的责任。

他的目的是寻找乱扔垃圾的主人，对垃圾本身没有多大兴趣。如果在垃圾中发现废弃的申请书或者旧信封之类的物件，就能搞清楚当事人的姓名。

没过一会儿，辻桥就发现纸板箱上贴着一张写着收件人姓名的纸条。收件人名叫“古川美保子”，住在相邻的住宅区。纸条上甚至还详细地写着电话号码，寄件单位是通信销售公司。

辻桥想不起相邻住宅区里有这个叫古川美保子的人，估计是她拜访住在这个公寓的熟人时留下了自己的纸板箱。于是，他记下了收件人的电话号码，晚上直接给对方打了电话。

电话一拨就通，接电话的是一个年轻女人，辻桥估计就是古川美保子。

“请问是古川美保子吗？”

“我就是。”对方的回答很干脆。

“我想冒昧地问一下，你知道广尾小区吗？”

“知道……噢，我不太熟悉。”

美保子的声音里明显地带着困惑的意味，但辻桥从对方的音调变化里感到她应该很熟悉那儿。

为了谨慎起见，辻桥又问：“您是否有熟人住在那儿？”

“您打电话来有什么事？”古川怯生生地问着，似乎产生了警戒心。

“我是广尾小区自治会的负责人，在小区垃圾堆集点里发现一只贴着你名字纸条的纸板箱，里面装着违反垃圾收集规定的垃圾，所以感到很为难，也许是你的熟人或者朋友使用这只纸板箱无序地倾倒了垃圾，你能否提醒他不要这样做？”辻桥说得很客气，他认为这不算侵害他人的隐私，只是根据丢弃的纸板箱上纸条的线索打个电话问问而已。

“我在广尾没有朋友，但知道接受这个纸板箱的人，我会提醒他的。给你们添麻烦了，实在对不起。”古川爽快地表示了歉意。

显然，她知道那个乱扔垃圾的人，只是不想公开那个人的身份。

广尾小区是高级公寓住宅区，居民都是富裕阶层的人士，古川美保子说的那个人很可能就是她的男友。但过桥对她的男友没兴趣，只是想制止违反规定的乱扔垃圾现象。

也许古川美保子发挥了作用，自从打了这个电话之后，乱扔垃圾的现象突然消失了。

第 一 章

1

淳子气得柳眉倒竖，“你说，我和蚕哪个更重要？”

“这怎能相比呢？”宫路弘之看到妻子愤怒的脸色，慌忙把养蚕箱藏起来。

“我知道，在你的眼里我算不了什么，你更喜欢那种气味难闻的虫子，不如干脆和虫子结婚好了！”妻子越说越气，几乎要歇斯底里大发作了。

宫路小声地回答：“哪有人把老婆和蚕做比较的？养蚕是我研究的课题。”

“我管你什么课题不课题，从今以后家里不许再出现这种可恶的虫子！”

“没办法，我必须每天对它进行观察。”

“如果你一定要把虫子带进家，我就马上离开！”

“只要再花一点时间，新的品种马上就出来了，你就不能稍许忍耐一下吗？”宫路像哄一个不明事理的小孩那样说道。

“不行！我一秒钟都忍不下去了，只要晚上听到那个虫子吃桑叶时发出的‘沙，沙’声，简直就要发疯了。还有那种难闻的气味，现在家里都是这种气味，我的全身也是，再也不敢见人了。”

“对不起！”

“说声‘对不起’有什么用？现在必须离开这种肮脏的虫子！”

“不要说它肮脏，你喜欢的丝绸就是用这种虫子吐出来的丝织成的。”

淳子一时哑口无言，但很快找出新的理由回敬：“制成品和原料没有必然的关系，你也一样，说鳗鱼像蛇一样很讨厌，不是照样很喜欢吃鳗鱼盖浇饭吗？”

“我明白了，从今以后再也不把蚕带到家里来。”

宫路做出这样的让步后平息了家庭的风波。但是这样的局面没有维持几天就出现了决定性的大分裂，因为淳子把宫路偷偷带入的养蚕箱当作垃圾扔掉了。从早晨开始，宫路发觉养蚕箱不见了，急得在家中四处寻找。他记得昨晚是放在储藏室的角落里的，现在却神奇地消失了。

虽然是偷偷地带进家里的，但到了这个时候，他不得不硬着头皮问妻子。

“哦，是那只害虫箱吗？我已经把它扔掉了。”淳子若无其事地回答。

“你说什么？！”宫路快气疯了，那是多么宝贵的标本啊。

他慌忙奔向垃圾堆放场，可惜迟了一步，收集垃圾的垃圾车已经开走了。宫路还不死心，又直接给管辖的清洁事务所打电话询问，对方说那车垃圾已经送去焚烧场了。

“你知道自己干了什么？那是几百个品种经过交配后才得到的珍贵标本。”宫路气咻咻地责问妻子。

“我才不管呢，不是说好不把那种虫子带进家吗？”淳子依然满不在乎。

“难道什么东西都可以随便扔掉吗？那个蚕的标本倾注了我极大的心血。”

“对我来说它只是一种肮脏的虫子。”

“你是我的妻子，对丈夫的工作多少有点理解好不好？”

“是你违约在先，怪不得我。原以为你是个将来很有前途的学者才和你结婚的，没想到你在研究这种怪味的害虫。早知道这样，当初真不该结婚了。”

“像你这种女人根本没资格做我的妻子。”

“你终于说出真心话了，果然虫子比我还宝贵。现在更明白了。”

“有你这种女人做我的妻子真感到羞耻。”

“彼此彼此吧。我的行李以后会来取的，这种肮脏的家再也不想待了。”

经过一番激烈的争吵，淳子当场负气离家出走了。他们的婚姻生活还不到两年，淳子离开夫家也没有什么顾虑，因为她富裕的娘家就在附近。

也许刚结婚的时候就有了这种不祥的预感，尽管凭借自己惊人的美貌（宫路后来才知道妻子做过整容手术）骗取了婚姻，但她那种渗透在骨子里的爱慕虚荣的性格却无法使贫穷的学者丈夫唯命是从。丈夫的收入不高，但她外出都乘高档的包租小汽车，后来干脆叫娘家为她买了一辆进口跑车。

他们还没有孩子，淳子却雇了一名短工来帮助料理家务。外出旅行也要乘高档的列车车厢，看戏要坐贵宾席，还时常去一流的餐厅享用最高级的料理。

宫路的性格和妻子格格不入，讨厌这种花钱如流水的生活方式。

这个家庭之所以能别别扭扭地维持到现在，完全是淳子娘家慷慨资助的结果，不但支持他们家庭的日常花销，支持宫路的研究费用，甚至还说要支持他们买一套新居。幸亏宫路强调买房以我为主，坚持住在公司分配的居所，到了离婚时才体现出这种先见之明。

宫路很想和妻子就此离婚了结，诚如妻子所言，他爱蚕胜过爱妻子。淳子正是看穿了这一点，所以更加厌恶这种可恶的虫子。宫路是都下的农大农学系昆虫研究室的研究员，现为农大的讲师。他研究的课题就是蚕，目前正在拼命地努力，争取通过蚕的交配培育出能吃卷心菜长大的新蚕种。没想到接近成功的新蚕种标本却被淳子当垃圾扔掉了，所幸研究室里还保存着一部分标本，挽救了迄今为止孜孜以求的研究成果。

“我的理想就是在家里建一个具有完全空调的养蚕室。”宫路轻轻地自语道。蚕通过蚕子孵化后，须经过幼蚕、壮蚕、蚕蛹的生命循环，其间需要合适精准的温度、湿度和气流的交换。为了在自己家里观察标本的饲育，需要安装和蚕生长匹配的带有空调的自动饲育装置。由于研究员的薪水微薄，根本无法在家里安装这样昂贵的设备，只能随着蚕的成长，用手工来调节温度、湿度和气流的交换。因此，对于宫路的辛勤工作，素来讨厌这种“害虫”的淳子实在无法理解，以致对丈夫产生了“到底是喜欢我还是喜欢虫子”的怨怼。

但是，宫路并没有顾及淳子的情绪，反而更痴迷于蚕的饲育和研究。

和淳子分手后，宫路就能放下心来和蚕的饲育建立更紧密的联系。他非常喜欢养蚕，从小就出生在一个蚕农的家庭，几乎伴随着家里的养蚕事业长大成人。

小时候他就帮助父母养蚕，一天要喂好多次新鲜的桑叶，很喜欢跪在养蚕室的地板上，倾听着成千上万的蚕宝宝吃桑叶时发出的犹如海潮般的声音，就是连续听几个小时也不感到满足。蚕的食欲很旺盛，一天至少要喂十次以上的桑叶，宫路一次不落地跟着父母去养蚕室喂桑叶，难怪父母会笑着说："这孩子简直是天生养蚕的料！"

2

"和这种男人结婚,真是倒了一辈子的霉。我可被他骗惨了。"

躺在床上的淳子一边恣意地伸展着喜欢激烈情事的肢体，一边气愤地说道。

她和宫路结婚还不满两年，没有生过孩子的身体洁白如玉，光滑的皮肤富有弹性，具备了一个成熟女人所拥有的魅力。这样的女人正处于性欲旺盛时期，不管和怎样的男人做爱都不会一时感到满足。

"不过，这种倒霉的婚姻已经过去了，你也得到了充分的补偿。"

津村繁邪恶地看着这个肉体被自己充分享受的女人，就像一个虽然撑满肚皮，却还想大快朵颐的美食家。

"你这话是什么意思？"淳子目光锐利地横了他一眼。

"我是说你已经和我相识相爱了。"

"啊，你就知道做爱。但我也不后悔，男女之情就是这么一回事。"

"除了性交之外，你觉得丈夫还是不错的吧？"津村不无醋意地问道。

他不明白淳子说的那段倒霉的婚姻到底是指什么，进而对两年间独占这个漂亮女人肉体的丈夫产生了强烈的妒忌心。

淳子叹了一口气，"其实，除了讨厌的虫子，我对他也没有不满意的地方。"

"虫子？"

"他是研究蚕的学者，喜欢蚕胜过喜欢我。"

"难道蚕比男女间的性交还有趣吗？"

"浑蛋！你就忘不了这事！"

"我不可以回味那种美妙吗？"

"我讨厌你老是纠缠这个。你是你，他是他。"

"那我可以向你提出结婚的请求吗？"

"这个主意倒不错，但还得慎重一点，我刚离婚不久，在法律上还不能马上结婚。我国的民法规定，女性在离婚后半年内不得结婚。"

"是吗？这岂不是摆明了要为前夫'服丧'吗？"

"是'服丧'，对离婚的女人来说就像'服丧'一样。不过，我丝毫没有'服丧'的感觉。"说到这里，淳子的眼中露出了淫邪的光。

"在形式上的丧期满了之后，请务必和我结婚！"

"我会考虑的，我是个需要花钱的女人！"

"我自信比你那个养蚕的前夫更会赚钱。"

"那就拜托了，拜托你再给我一次强刺激！"淳子微笑着，刚经过情事的肌肤似乎又显出诱惑的光泽。

"啊，你简直是个无底洞！"津村虽然有些吃惊，依然情绪亢奋地回应道。

3

淳子是在津村工作的车店购买进口跑车时和他相识的。此后，津村又利用售后服务的机会上门拜访了淳子。

这个颇有手腕的推销员很擅长玩弄女人，现在在一个女顾客的家里过着半同居的生活，堂而皇之地每天从女顾客的家去车店上班。

对津村来说，独身是他推销汽车的锐利武器，曾有一个老处女因为迷恋他而一口气买了好几辆车。但是，自从认识淳子后，两人很快就坠落了热恋的情网，津村甚至为了与淳子结婚，甘愿抛弃独身的武器。

尽管两人经常相聚做爱，但淳子不允许津村擅自给她打电话或者直接上门，必须由她打电话通知才行，似乎还有不许津村进入的禁区。

在津村的眼中，淳子无疑是个亟须男人抚慰的女人。离婚后，她干着轻松的化妆品销售员工作，一人潇洒地住在高级公寓里。但淳子从没有叫他单独去过那儿，两人的幽会总是在郊外的情人旅馆。因此，津村觉得淳子的住所里一定有别的男子出入，为了避免尴尬才有意不叫自己去她的家里。

显然，到自己家和到情人旅馆的性伙伴是不同的，津村虽然觉得自己和淳子的关系亲密无间，远远超过以往的露水夫妻。但是，除他之外，还有一个更使淳子曲意奉承的男人。每想到此，津村妒忌得简直要发疯了。

是的，她一定有别的男人了，所以对自己的求婚一直不肯明确地答复，她不是为了在六个月禁婚期内苦苦地等待我，也许就是为了那个男人。

他痛苦地想着，突然产生了要阻止那个神秘男人和淳子继续来往的冲动。

作为一个男子汉有自己的尊严，他觉得这样的尴尬处境实在有失脸面，所以决定私闯淳子的住所，彻底打破她的禁令。

淳子住在目黑区的一栋高级公寓里。照理说，一个离婚的女子不该住在那儿，想必是她有钱的娘家资助的吧。津村决定利用公寓管理员回去后的夜间行事，如果那个男人要来，多半也在这个时间段里。

“如果处理不当，也许会从此失去了她……”津村躲在公寓前院的树丛里，望着灯光下庄重优雅的公寓楼，轻轻地自语道。他看到公寓的停车场上正停放着他卖给淳子的那辆进口跑车。

只要能维持这样的现状，什么责任都不用承担，还能以一周两次的频度在她的带领下去高级餐馆享用最美味的佳肴。作为一个男人，这是千载难逢的艳遇，我为什么非要采取杀鸡取卵的方式呢？津村非常清楚自己的举动是十分愚蠢的，他是个久经情场的老手，却没想到第一次为了一个女人会失去理智地发狂。

鸡蛋的美味自然不会忘记，所以他一心想独占这只母鸡，而且认定如果无法达到独占的目的，就会失去一切。

虽然说两人相爱了，但津村觉得自己更像是淳子的俘虏。

在淳子结婚的时候，自己处于偷情的地位，在她离婚后，自己依然还是偷情。偷情虽然可以，但不能忍受被别人玩弄。

津村确认四周和公寓里已经没有人影后，便快步向公寓的大门口走去。

为了避开电梯，他特意沿着消防楼梯拾阶上行。他知道淳子的住所就在三楼的末端，正好位于消防楼梯的出口。

此时，走廊上没有人影，津村确认了挂在门外的“淳子”名牌后，轻轻地按响了门铃。他把耳朵紧贴在门上，想听到房内的动静，但过了好一会儿也没有人出来开门。他再次按了一下门铃，房内依然没有回应。

这时，他突然发现房门并没有锁，轻轻一推，房门和门框之间竟然出现了五厘米左右的缝隙，而且看到里面也没有挂上防盗链。

津村心想淳子真是个马大哈，只顾着和男人调情，竟然忘了锁上房门。

于是，他干脆直接旋动门把手，门一下子开了。房间里没有亮灯，只有内部深处漏出些许微弱的光。

津村悄悄地钻进房间，随手关上了门。

淳子的房间并不大，似乎分隔得很复杂。津村率先进入了餐厅厨房。那儿也关着灯，有一缕光亮穿过阳台照射进来。他蹑手蹑脚地从餐厅厨房走向里面的房间，发现电视机和收音机都关着，房内一片静寂。

难道他们情事结束后正在睡觉吗？但是没听到睡觉的鼾声，津村终于察觉到房内的静寂有些异常。淳子出去了吗？她虚掩着门就外出实在太大意了。

餐厅厨房的深处是面对阳台的客厅，客厅的旁边就是卧室。

津村心想淳子不在家也好，干脆利用这个机会把她的住所仔仔细细地看一遍，说不定房间里还留存着那个神秘男人的气息。

在客厅和卧室之间有一道连接门，门正半开着。津村走到连接门旁边悄悄地朝卧室里面窥望，看到了一张床和一个化妆台。

这时，津村发现床上好像有人躺着，心里倏地一惊：她果然在家里！

他原本想到现场抓个现行，但没想到淳子竟然老老实实地一人独睡着。

这时候，一个声音在津村的耳边响起：既然知道了这一切，还是趁她没有发觉之前赶快逃走吧，要是自尊心很强的淳子知道自己深夜潜入房间偷窥，是绝不会原谅的。

正当津村准备溜之大吉的时候，突然发现躺在床上的人竟然一动都不动，他不由得大吃一惊：她怎么啦？难道没有呼吸了吗？

津村定了定神再仔细察看，发现那个人毫无动静，好像冻住了一般。他顿时傻了，也像床上的“冻人”一样呆呆地站立着。

“淳子！”津村轻轻地喊着，直接走到卧室的大床边。

他再次惊呆了，发现淳子的颈部紧紧地勒着腰带，面部浮肿，呈酱紫色。

“啊，她被人绞杀了！”津村忍不住发出一声惊叫。

刹那间，他觉得自己的思考能力僵化了，不知该如何是好。当他拿起床边的电话准备报警时，突然又把手缩了回来。自己不是合适的报警人，弄不好还会成为最大的怀疑对象。由于淳子一直希望不公开两人的暧昧关系，外界并不知道他的存在。在这个深夜，自己擅自进入一个年轻女人的住所，肯定会受到警方的怀疑。想到此，津村的眼前浮现出报上的大幅标题：“因小三插足，一个年轻的人妻（还没有确认离婚）死于非命，杀人者是为情而狂的汽车推销员。”

如果报上露了这样的桃色凶杀案，势必造成所有的顾客流失，也许在此之前就被汽车店开除了。他的名誉和以前创造的辉煌业绩都将化为乌有，人人都会谴责他和女性顾客的邪恶恋情，杀人的嫌疑将使他掉落万劫不复的深渊……

津村越想越害怕，如果现在就报警，自己将受到超乎想象的极大伤害。

恐怖和畏惧彻底打乱了他的正常判断力，继而产生了夺路而逃的扭曲心理。

于是，他赶紧回到门口，轻轻地开了一条门缝，发现走廊里没有一个人影后，悄悄地离开房间，顺着消防楼梯下楼，终于顺利地离开了公寓。

津村站在车辆稀少的马路边，长长地舒了一口气。这时候，他突然发现手里捏着一张小纸片，好像是半张电话记录纸。这应该是放在淳子卧室的电话机旁边的，可能刚才准备打 110 报警电话时无意识地拿在手里了。

在淳子的身边少了这张纸也许会引起警方的怀疑，但现在无法再送回去了。

津村决定暂且保留这张纸，赶紧驾车离开这个是非之地。

自信驾驶技术有一套的津村很快驾车驶离了公寓区，但车刚过一个十字路口，冷不防从旁边蹿出一辆自行车。津村一时避让不及，车头正巧与那辆自行车相碰，坐在自行车上的一个女人当场倒在了马路上。

一时间，津村很想开车溜走，但考虑到对方可能读取了小汽车的车牌号码，只得赶紧急刹车，下了车问道："你没事吧？"

津村发现那个女人才二十出头，在夜色里能看清整个白色的人形。

那个女人站起身，轻声回答："没问题。"

看来她没有受到大的损伤，只不过一时失去平衡才掉下来的。

"对不起，是我的车没有及时避开，让你吃苦了。"津村首先表示了歉意。

"是我不好，骑车速度太快了。"那个女人也客气地回应道。

听她这么一说，津村有点不好意思，他这时已经清楚地看到了对方的面容。

"你好像受伤了。"津村关切地说道。

"没有，只是膝盖扭了一下。"那个女人说着，扶起了倒在地上的自行车。

"啊，你的车灯摔坏了，我要赔偿你。"津村发现自行车灯已经掉了，赶紧拿出几张一万日元的纸币递给对方。

"不用了，这也不是什么值钱的东西。如果有可能，请给我一张您的名片。"

对于那个女人提出的要求，津村有些犹豫。原准备谈个赔偿的价钱，没想到会引出多余的事来，他想了好久，才勉强地拿出了名片。

津村回家后开始后悔了。刚从杀人现场逃离，却在半路上碰上那起意外的交通事故，莫名其妙地给了那个女人一张名片，自己根本不知道对方的名字。

淳子的尸体被发现后，那个女人也许会怀疑我吧？如果她把名片交给了警察，我肯定会受到警方的传讯，问我为什么那个时候正好在现场附近的马路上驾车行驶，我可能一句话都答不上来。如果警方知道我是逃离现场的，那就危险了。

要不要现在就去自首呢？啊，不行！现在去自首也太晚了，还是老老实实地待在家里，静观其变吧。津村绝望地想着，陷落了无可奈何的困境……

第二章

1

第二天，也就是五月十三日晚上五时许，来家拜访的朋友最上明子发现了宫路淳子（因为还没脱离宫路家的户籍）的尸体。那一天，明子来约请淳子一起去观赏来日本举行的世界流行音乐会，没想到迎接她的是一具冰冷的尸体。

案发现场是目黑区绿丘一丁目的高级公寓。碑文谷警署的水岛警官接到110报警电话后立刻赶赴现场，这是最近又一起发生在高级住宅区的侵入杀人事件。

水岛到达现场时，警署机动搜查队的警车已先期到达，搜查队员们展开了保护现场和初期的搜查工作。

水岛走进房内环顾四周，没有发现翻动和反抗的痕迹。死者穿着长睡衣，仰躺在卧室的大床上，颈部缠着一条棉质的腰带，没有打结，身体的其他部位好像没有伤痕。

检尸官根据死者的情状，推测死后已过了十七至二十个小时，作案时间在昨天晚上的九点到凌晨零点的时间段。

经过初步的尸检，发现死者在遇害之前有过性行为。同时还发现室内有三十万日元的现金，死者的珠宝首饰也原封不动地留存着。

“看来不是劫取钱财，纯粹是男女间的情仇怨恨。”

“听说死者最近和丈夫离婚分居，虽然还没办理正式的手续，但和离婚的状态没什么两样。”

几个年轻的刑警在轻轻地交头接耳。

“她和丈夫离婚了，怎么还能住在这样高级的公寓呢？”

“听说她的娘家很有钱，这套高级公寓就是娘家买给她当新居的。她的丈夫说不愿意受老婆的利诱，所以没有入住过。”

“哦，她的丈夫倒是一个很有骨气的人。你从哪儿得到这个情报的？”

“我是听报警者说的。”

“是吗？那么说，她的丈夫首先脱不了干系。”

水岛赞同这种说法，那个分居的丈夫无疑是最大的犯罪嫌疑人。一般而言，能深夜去一个年轻女人住所的来客都是她的熟人，而且两人的关系非同寻常。

“如果来客是已分居的丈夫，那个女人开门把他引入家中也很正常。”一个年轻的刑警仿佛明白了水岛的心思，这样说道。

另一个刑警表示了异议：“开门也许有可能，但上床就很难想象，既然如此，当初何必关系恶化闹分居呢？”

“刚才的尸检说死者在遇害前发生过性关系，而且不像是强奸的行为。”年轻的刑警不以为然，“我有一个朋友也和老婆分居了，但他们照样过夫妻生活。”

另一个刑警附和道：“我也听说过，男女间的情事只有当事人最清楚。”

水岛听着他们的议论，脸色很凝重。由于这是一起杀人事件，他决定向警视厅搜查一课请求支援，进行彻底的刑事搜查。

淳子的尸体经过司法解剖，证实了现场尸检的推测。死因是颈部被棉腰带紧勒造成窒息死亡，还确认死者的体内残留着 O 型的精液。由于被害人是非分泌型的 A 型血，所以不能限定精液主人的血型是 O 型。只有女性是非分泌型的血型，男性是 O 型血或者是非分泌型血型的，其混合体液才有可能为 O 型。

第二天下午，碑文谷警署成立了搜查本部，并传讯了被害人的丈夫。经过一番调查，最后认定被害人的丈夫在案发的时间段正住宿在学校的研究室里，不在现场的证明能够成立，而且他的血型是分泌型的 AB 型。

于是，警方暂且把被害人的丈夫排除在可疑对象之外。

2

第一次搜查会议重点讨论了被害人的异性关系。被害人在婚前就有广泛的异性交往，光是有传闻的男友就有好几个。但是，被害人淳子最后却和一个土里叭唧的老夫子结婚了，引起了朋友圈内一片惊呼。

淳子的大学时代好友，也是本案的发现者最上明子是这样说的：“淳子相亲之后就迷上了她的前夫，说什么和她喜欢的一个明星很像。她的朋友们对这个说法始终抱有怀疑的态度。”

有人提问:“那个作案的罪犯为什么要和被害人发生性行为呢?”

有人推断:“也许那个罪犯想通过性交来麻痹被害人吧?”

也有人表示疑问:“即便为此,罪犯为什么要在被害人的体内留下确凿的证据?他事先为什么不采取措施加以防备呢?”

有人解释:“也许两人是先性交,然后再发生激烈争吵的。”

会场的气氛很活跃,各种议论随之而来……

通过广泛的讨论,会议制定了进一步的搜查方针,重点放在以下几方面:1. 被害人与男性关系的搜查。2. 现场周边的社会调查。3. 对被害人的丈夫在事件前后的行动再调查。4. 对现场及周边再次彻底搜查。5. 对被害人的直接或间接关系者进行深入调查。

3

“啊,我们又见面了,”搜查本部里,警视厅搜查一课那须班的村田警官向水岛招呼道,“以后还请老兄多关照了。”

“彼此,彼此!看来这是个根子很深的案件。”

“我不担心,水岛君的枪一向打得很准的。”

“被害人的男女关系相当混乱。”

“好像是这样的。”

“她和丈夫分居不到半年,就把外面的男人带到自己家里了。”

“有没有罪犯擅自闯入的可能?”

“是被害人自愿把他迎进家门的。”

“罪犯进房后就和这个准备杀害的女人发生性关系吗?”

水岛没有直接回答,反问村田:“村田君是这样想的吗?”

村田一时有点尴尬,“水岛君,你的意思是……”

“带着杀机的罪犯来到那个女人的房间,难道就心安理得地抱着谋杀的对象做爱吗？我无论如何都没法想象。”

“我也觉得不可思议。”村田赞同地点点头，“如果罪犯与那个女人发生性关系，就不会当场杀害她，至少会延期实施，另找机会下手。”

“不过，男女之间的情况各式各样，也不能一概而论。”水岛说到这儿，不由得想起那个年轻刑警说的事来，“村田君，你觉得会有这种可能性吗？那个罪犯可能在另外的场合是被害人的性伙伴。”

“噢，这种可能性倒是有的。”村田有些醒悟地睁开了眼睛。

“所以我们也能推测是男女的情爱引发了罪犯的杀人动机。”

“你的意思是说，罪犯亲眼目击了那个女人和别的男人发生性关系的场面，一时性起杀害了被害人？”

“是的。”

“如果真是这样的话，那个女人的性伙伴有可能当时就在现场。”

“现在还不能如此断言。也许那个男人走后，性伙伴来到被害人的家里，看到她鬓钗蓬乱，余情未了的媚态，就爆发了熊熊的妒忌之火。或者说，罪犯已把那个女人的家当作自己的家，经常在此住宿，当他发现那个女人和别的男人有染的时候，怕暴露自己和那个女人的关系，赶紧采取了杀人灭口的行动。”

“你说得对，按照这个思路，罪犯在犯罪前和被害人发生性关系也说得通了。由此来看，被害人和丈夫分居之后，曾经叫两个男人到过自己的住所。”

“她到底叫了几个男人来还不清楚，但我们至少明白被害人在遇害之前发生的性关系是完全出于自愿的。”

“一个还没有正式离婚的人妻，整天迷恋于和别的男人做爱，以致断送了自己的性命。”

“我们现在还不能把分居的丈夫排除在外。不过，这个丈夫好像爱养蚕胜过爱自己的老婆，这也是造成夫妻分居的原因。”

“哦，丈夫是个养蚕迷……”

第三章

1

对宫路而言，淳子的被害简直是个晴天霹雳，而且还不得不作为嫌疑人接受警方的调查。所幸他不在现场的证明能够成立，接受调查后就可以安然回家，但他明白，警方并没有完全解除对他的怀疑。当然，作为被害人的分居丈夫，受到怀疑也是没有办法的事。

那天夜晚，他正巧和学生一起观察蚕的动态，然后就在研究室里打个铺草草就寝，所以就有了比较过硬的不在现场证明。如果不是这样的话，将会怎样呢？每每想到后果，他就格外紧张。

究竟是谁杀了淳子？他虽然曾经察觉淳子在婚前有过复杂的男女交友关系，但绝没有想到这里面竟然包含着欲杀之而后快的情仇恩怨。

由于平时得不到淳子的一点爱，即使她被杀了也没有怜悯之感，但他突然又感到淳子是希望丈夫把自己当作人生主题的。如果在与蚕结缘之前认识她的话，也许能做到这一点。一旦淳子成了宫路的人生主题，他们的旋转轴就会完全保持一致，成为一对美满和谐的夫妻。

此时，宫路的胸中充满着歉疚的心情，并转化为对罪犯的极大愤怒。

究竟是什么原因他也不清楚，但其中必然隐含着“你不杀害她不好吗？”的痛楚。听说淳子在被害前与人有过性行为，这说明罪犯为了贪图她的美色而故意隐忍了一时的杀意。从法律层面来说，淳子还是宫路的妻子。罪犯和别人的妻子偷情还不满足，还要夺走她的生命，这条命不仅是从她的身上夺去的，也是从宫路的手中夺走的，这无疑是侵犯了宫路的生活圈，也给他带来了极大的侮辱。

“我饶不了那个家伙！”宫路暗暗发誓。他的心里燃起了淳子活着的时候绝没有过的怒火。这种怒火与淳子去哪儿、做什么事没有关系，因为他们虽然挂夫妻之名，只不过是一对“同居的男女”而已。刚失去淳子时，宫路只为罪犯侵犯自己的生活圈而愤怒。虽然警方正在调查淳子的异性关系，据说淳子婚前有密切来往的男士就有五个，而且婚后继续和一些男士来往，但是宫路没有向警方披露什么，因为这一切都是他默认后才和淳子结婚的。

老实说，自己也被她的美貌所打动，而且她的娘家很有钱，所以宫路不否认自己也有小算盘，试图利用她娘家的财力资助研究。事实上，这种援助也维持了他们婚后的生活。

鉴于调查的进程，宫路觉得不能把宝全部押在警察身上。尽管调查有正规的套路，但警方现在连这样老实的丈夫都要怀疑，估计胜算不大，根本无法找到真正的罪犯。也许就在他们犹豫不决的时候，罪犯早已溜之大吉。如果是调查淳子的男女关系，自己似乎比警察更胜一筹，但要真正逮捕罪犯又力不从心了。

于是，宫路开始了寻找“淳子男友”的行动。淳子与他分居后，曾来拿过自己的行李，但还是留下了不少夫妻共同生活的细小物品。这些物品包括：旧的信件、笔记本、化妆品、书、衣服、装饰品等。于是，宫路仔细地检查了旧的信件和笔记本，试图从中发现那个神秘男人的气息。由于淳子有了出轨的行为，多多少少会留下一些暧昧的细节，但那个男人的痕迹却完全没有显现。

看来在夫妻分居的时候，那个男人和淳子一起来过这儿，带走了所有的可疑物品。就在宫路失望之际，一本小册子突然进入了眼帘。小册子正好夹在淳子遗留的一本书里，宫路赶紧拿出来仔细察看。结婚后，淳子买了一辆进口跑车，这本小册子就是跑车的说明书。

宫路打开了小册子，一张小纸片掉了下来。仔细一看，原来是张名片，他赶紧捡起来，首先看到的是汽车销售公司的名称，然后是推销员的名字“津村繁”。

宫路对这个人似乎有些记忆，当年购入跑车后，津村曾经几次来家里对车辆的性能和保养进行说明。他有二十多岁，身体健壮，看来平时喜欢体育锻炼，而且见人随机应变，是个老练的推销员。

现在回想起来，有些事印象还是比较深刻的，每当津村来时，淳子总会一反常态地精心打扮。自己也接待过他一两次，觉得这个人很好，说话入情入理，虽然自己对车辆的事毫无兴趣，但和他谈话还是很开心的。

宫路不由得又想起当时的情景，在夫妻俩共同听取津村讲解车辆的时候，淳子的眼中放出了异样的光辉。从现在的角度来看，她表面上似乎对车辆有兴趣，其实不也表现了对津村本人的极大兴趣吗？宫路终于恍然大悟：“对了，他们借口试车，不是还同车外出过好几次吗？”

看了从小册子里掉下的那张旧名片，宫路心中的疑惑更大了。

几天以后，举行了淳子的葬礼。

淳子在户籍上还是宫路的妻子，所以宫路就是丧主。由于淳子生前有着广泛的交友关系，加上娘家雄厚财力的影响，来参加葬礼的亲友很多，但其中不见津村的人影。也许他和淳子只是销售跑车的关系，不来参加葬礼也属正常。

淳子一方的亲友来得特别多，和举行婚礼时的盛况相差无几，只不过现在用悼词代替了当时的贺词。

"衷心祈愿你脱离苦海，早升天国！"有人上香后，虔诚地合十祈愿。

宫路对此人颇有印象，没想到他会前来参加淳子的葬礼。他就是淳子死后传讯过自己的碑文谷警署的水岛警官。

"承蒙光临，不胜感谢！"宫路对水岛的祈愿表示了谢意。

"真是规模盛大的葬礼啊！"水岛望着参加者的队列，发出了一声感叹。

"警察先生，调查有没有新的进展？"宫路警惕地看着四周小心地问道。

"正在调查尊夫人的人际关系，你有没有想起新的线索？"

宫路终于明白了水岛参加淳子葬礼的意图。他刚想提起津村的事，话到嘴边又咽了下去。因为他觉得现在没有确凿的证据，光凭自己的想象来推测是不可以的。如果津村真的可疑，也许早已列入警方的犯罪嫌疑人范围里了。

宫路冷静地摇摇头，"没想起新的线索，虽然我和淳子是夫妻，但不清楚她平时和什么人来往，分居之后更是如此。"

"那好吧，一旦有新线索或者想起了什么，请尽快和我联系。"

水岛说完就离开了现场，也许不想让人看到他和丧主长时间说话的情景。

葬礼结束了，津村始终没有现身。尽管宫路自圆其说地认为这是两人关系不深的缘故，但他心里却没有释然的感觉。

2

津村胆怯了，因为他看到报上登载了警方发现淳子的尸体、开始正式搜查的消息。一连几夜，他都在睡梦里看到被腰带勒住颈部的淳子的样子，甚至还看到自己被人从后面拍拍肩，猛回头是警察的场景。所以，每当从噩梦中醒来，总感到全身都冒出了冷汗。

听说淳子的葬礼依然是她的丈夫做丧主，原以为他们已经离婚了，没想到淳子还没有从前夫家脱离户籍。也就是说，淳子直到死都和他保持着不正当的男女关系。这件事让津村感到很为难，一直犹豫着要不要参加淳子的葬礼。如果去了，就等于承认自己和淳子很熟的事实，如果不去，不同样会引起别人的怀疑吗?

津村犹豫了半天，还是不敢去参加葬礼，但一人待在家里始终坐立不安。通过打听，他知道淳子的葬礼就在娘家附近的寺院里举行。于是决定先去寺院的外面看看，要是没有看见警察，就进去为淳子上一炷香。

津村悄悄地来到了寺院的附近，发现参加淳子葬礼的亲友非常多，寺院门前摆放着大量来客送的鲜花，鲜花的缎带上写着许多财界大佬和名人的姓名，他们显然都和淳子的娘家有着密切的关系。

长长的吊唁队伍望不到尾，津村趁势混入了队伍之中，他随着队伍慢慢地移动脚步，心里充满着难言的愧疚之情。

不一会儿，来到了寺庙的大门前，就在他犹豫着要不要进去的时候，忽听得耳边传来一个年轻女人的声音:“啊，我们又见面了！”

津村回头一看，一张难忘的笑脸正对着自己。

“啊，是你?！”他一时感到愕然。

“前天晚上是我不好，对不起！”那个年轻女人向津村低头致歉。她穿着一身黑色的西服，像是刚吊唁好准备回家。来者就是津村驾车逃跑时遇到的骑自行车的女人，他万没想到在这儿和那个最不想见面的女人不期而遇。

“你也来参加葬礼吗?”年轻女人说话时露出了一口整齐洁白的牙齿。

“不是，我……”津村有点慌了。

“哦，是我冒昧了。”年轻女人笑了笑。

津村解释道：“我正好从寺庙前面路过，看到这儿在举行一场盛大的葬礼，所以也想进去看看热闹。”他庆幸出门时没有穿黑色的丧服，所以还能自圆其说。

“对不起，我得先走了。”年轻女人说着就盈盈地转过身去。

“噢，你的伤口怎样了？”津村还想说些什么，故意问了一句多余的话。

“没什么，劳你记挂了。”

“上次忘了请教你的芳名。”

“这样就行了，我也没出什么事。”年轻女人若无其事地回答。

“可是……”

“你的名片我也找不到了，不必担心！”年轻女人说着飘然而去。

3

果然还是不该来，津村紧咬嘴唇，心里充满着悔意。

尽管自己在寺院前踌躇不前，还是撞见了那个最不想见的女人。

她一定和淳子有着某种关系，也许后来会想起和自己的“接触”之夜恰巧是淳子的被害之夜，想必会向警方举报吧。

此时，他的耳边似乎响起了她向警方举报时对答的声音：

“那个人说正好在寺院前面住过，想进去看看热闹，我觉得他在撒谎！”

“说是来看热闹，究竟想看谁呢？”

“就在淳子被害的那天夜晚，我骑着自行车在淳子家附近不巧和那个人的车子碰上了，就是他今天要来淳子的葬礼看‘热闹’。”

“你是说被害人被害的那天夜晚吗？”

"是的。"

"大约是几点？"

"我想大概是凌晨零点。"

"你还记得那个人的名字吗？"

"我当时拿了他的名片，一找就能找到。"

"请务必找到那张名片！"

第四章

1

几天以后，一个出人意料的人物来汽车店拜访津村。

津村听到门房的报告后，疑惑地问道："他是谁？"

门房回答："他说见了面就知道了。"

津村来到走廊的接待角，一见对方，忍不住叫了一声，"你不是宫路君吗？"

津村直挺挺地站立着，就像一根木棒杵在那儿。来者正是淳子的丈夫宫路。

宫路不客气地发问："你见我来这儿为什么这样紧张？"

"不，我没有紧张，只是你突然来访让我吃了一惊。"津村极力掩饰着。

"内人生前得到你的关照，我很感激，所以今天来向你打个招呼。"

"我对尊夫人的不幸逝世谨表哀悼之意。"津村想率先封住对方的口。

"内人没见到你来上香，她会感到寂寞的。"宫路的语气中带着讽刺的意味。

“真是对不起，那天我很忙，手里的工作实在放不下！”津村全身冒出冷汗。

“请不要这样说，与死者相比，还是生者优先嘛。”

“请允许我改日来府上为尊夫人上香，以表愚忱。”

“内人已在她娘家附近的菩提寺落葬了。她虽然没有脱离我家的户籍，其实等于离婚了。她死了，我心里也很难过，因为我不是个称职的丈夫。”

“尊夫人知道你有这番心意，一定会很高兴的。”

“我憎恨杀害内人的罪犯！”

“我也一样！”津村附和着，暗暗地松了一口气。

“你好像和内人的关系很好。”宫路直视着对方的脸，继续说道。

“这只是机缘巧合，尊夫人想买一辆汽车，小店正好有现货，所以得到了她的眷顾。”

“既然如此，你为什么不来为她上香呢？”宫路死死地盯着津村。

“我也想来上香，当时确实有事来不了……”

“不要再撒谎了，就在举行内人葬礼的那一天，有人在寺院附近看见了你。”

津村顿时吓得面如白纸，果然是那个女人把见到自己的事告诉了宫路。

“这个……这个……”他感到话到了嘴边就是出不来。

“为什么一边说工作忙，实在走不开，一边又来到寺院门前，不上香就回去了？我不是强迫你来给内人上香，但你得把这事说清楚！”

“我是想来给尊夫人上香的，那天实在是忙。正好有事经过寺院门口，但我不知道那儿举行的是尊夫人的葬礼。”

“津村，你以为这样辩解就能说得过去吗？老实说，我怀疑你和淳子有着特殊的关系，所以到了寺院门口也不敢进来，是出于内疚吧？”

“不，不是这样的。”

“你是为了打探情况才来到寺院门口，也许淳子就是你杀的。”

“哪有这样的事，尊夫人绝不是我杀的，我从来不干这样的事。”

尽管津村矢口否认，但无形之中等于默认了他和淳子的特殊关系。

“我知道你和淳子秘密幽会的事。自从买了那辆跑车后你们就偷偷地好上了。估计那天夜晚你也去了淳子的住所。”

“你说得不全对。那天夜晚我第一次去尊夫人的住所，到了那儿才发觉她已经被人杀害了。”津村自知失言之后，立刻噤口不语。

“你说是第一次去淳子住所的……而且到了那儿发现她已被害了，对吗？”宫路确认道。

“是那个骑自行车的女人告诉你的吧？”

“骑自行车的女人是谁？”

“糟了！”津村后悔得紧咬着嘴唇。一旦说漏了嘴，其他不该说的话就像离了弦的箭一般收也收不住了。于是，他把那天夜晚在淳子家附近的马路上和那个骑自行车的女人偶然相遇的事告诉了宫路，看来宫路和那个女人并不认识。

宫路的来访对津村造成了突然的冲击，不断的追问瞬间就击垮了他的心理防线，所以在情急之中露出了平时无法想象的巨大破绽。

津村慌忙掩饰道：“对不起，我的心有点乱，不知道自己说了什么。”

“不管你刚才说了什么，我觉得很正常，那天夜晚的相遇也没什么大不了的。”宫路貌似大度地说道。

津村喃喃地回答：“因为那天夜晚发生的事很蹊跷，我就自然地联想到尊夫人被害的事来。”

“你自己说的事真的忘了吗？”宫路的口气突然变了。

“是想不起来了。我和尊夫人只是通过买卖认识的，你妄加猜测就麻烦了。”

津村王顾左右而言他，想趁机逃出刚才给自己愚蠢地挖的大坑。

宫路严肃地问道：“你敢把这事再对警察说一遍吗？”

“不管说几遍都行，我问心无愧。”津村的口气很硬，心想刚才的失言也只有两个人知道，现在最好的办法就是装聋作哑地糊弄过去。

那个骑自行车的女人并没有看到我出入淳子的住所，只能证明在案发的时间段在现场附近遇见过我，如果宫路不掌握那个骑自行车女人的情况，我没有什么可担心的。只要不再失言，我可说毫发无损。

宫路又问：“你说在案发的夜晚去了淳子的住所，是吗？”

“我没去过尊夫人的住所。”

“你刚才不是说去了那儿发现淳子被害的吗？还说那个和骑自行车的女人相遇的夜晚使你自然而然地联想起淳子被害的事来。”

“我想不起刚才说过那样的话了，请不要随意捏造。”

“你说我在捏造你说过的话吗？”宫路厉声说着，当着津村的面拿出一只袖珍录音，他倒转了磁带后按下了“再生”键。

“……那天夜晚我第一次去尊夫人的住所，到了那儿才发觉她已经被人杀害了……”录音机里清晰地播放出津村的声音。

津村一听，顿时吓得全身颤抖起来……

2

宫路在对津村穷追猛打的同时，开始觉得当初的判断可能有失误。尽管津村口不择言地说出了“骑自行车的女人”“那天夜晚我第一次去尊夫人的住所……”这恰恰证明这些话不是临时编造的。如果津村是真正的罪犯，绝不会出现“失言”的情况，一定会自始至终死扛到底的。

于是，宫路换了一种口气，“如果你对死去的淳子还多少抱有一点同情心的话，难道不能告诉我你所见的真实情况吗？虽然警察好像还没有注意到你，但很快就会来找你调查，不管你使什么招都是逃不掉的。”

在宫路的逼问下，津村很快就屈服了。宫路觉得现在必须扩大战果，从报上的报道来看，津村还没有被列入警方的调查范围，自己一定要抢先警方一步。

津村不得不老实地交代：“我确实很爱尊夫人，她现在正处于夫妻分居的状态，所以深信她马上会离婚的。但是尊夫人对我求婚的态度一直很暧昧，使我觉得她的身后肯定还有另一个男人。在妒忌心的驱使下，我在那天夜晚去了她的住所。当时发现房门没上锁，就直接推门走了进去，但没想到……”

说到此，津村仿佛想起当时的情景，声音戛然而止。

宫路性急地问道：“难道淳子已经被害了？”

“是的。”

“你能证明自己不是罪犯吗？”

“我当然不是罪犯，我也痛恨杀害尊夫人的罪犯！”

“你在警察面前这样说是通不过的，因为你和淳子有暧昧关系，光这一点就具有杀人的动机。”

“胡说！我是要和她结婚的。”津村痛苦地叫了起来。

宫路摆摆手，“你不要觉得冤枉，我是她的丈夫还被警方怀疑呢，所以一个人为了独占她而杀了她也不算稀奇。你不是说出于妒忌去了她的住所吗？”

津村沮丧地低下头。

宫路继续说下去，“你刚才说淳子除了你还有其他的男人，我们不妨推测一下，那个男人和淳子发生关系后就回去了，恰巧你赶到淳子的住所，出于妒忌和愤怒，你丧心病狂地杀害了淳子。如果我是警察，就会充分考虑到这一点。”

“我没有杀她！”津村像念经似的反复唠叨着。

“你能拿出证明吗？”

“不能，但我去的时候，看见她躺在床上，颈部被腰带紧勒着已经断了气。”

“那时候，你有没有发现罪犯留下什么东西？或者什么都没发现？”

如果现场真有罪犯遗留的东西，宫路觉得警察一定会发现的，但是现在已经确认津村比警察更早到达现场，他在警察到来之前也有“变更现场”的可能性。

“你说的罪犯遗留的东西倒没见过，要说其他物品嘛……”津村的脸上突然露出好像想起什么的表情。

“你说的其他物品是指什么？”宫路眼巴巴地看着他。

“是不是罪犯遗留的东西我不知道，那是我从尊夫人的卧室里无意中带出来的。当我发觉时，它正夹在我的手指缝里。”

“那是什么呢？”

“是会津大名府参观券的票根。”

“票根现在还在吗？”

“原准备扔掉算了，后来想想还是把它保存起来了。”津村渐渐地冷静下来。

“请让我看一下。”宫路急切地说道。

“那张票根就放在我办公桌的抽屉里，请稍等！”

津村说着就回办公室去了。

少顷，他拿着一张小纸片返回来，“就是这个！”

津村拿出的那张小纸片上印着“会津大名府参观券”的字样，纸片的一端排列着几个机器打的小孔，前半张就是从这儿撕去的，看来这确实是张票根。

宫路问：“你确定这张票根原来就在淳子的卧室里？”

“估计原来是放在电话机旁边的，在我准备打电话向警方报警时，无意中把票根夹在手指缝里了。”

“这张票根和你证明自己无罪有什么关系吗？”

“尊夫人生前从没说过她要去会津。如果她想去，会事先对我说的。但是，这张她没去过地方的参观券却出现在她的家里，一定是别人带进来的。”

“票根也未必就是罪犯带入的，况且票根上连日期和姓名都没有。”

津村带着哭腔说道：“饶了我吧，是你问我罪犯有没有遗留的东西，我才好不容易想起这个来。”

3

宫路思考着和津村交锋的结果，感到津村在这起谋杀案中是无辜的。要不要把这个结果告诉警方呢？他犹豫了半天，最后决定暂且秘而不宣。如果告诉了，警方一定会对津村进行严厉的调查，也许还会采取高压手段迫使他做出与事实不符的交代。这样最高兴的就是那个真正的罪犯。

接着，宫路开始注意起从津村手中得到的那张票根。淳子生前并没有去过那儿，从票根的状况来看也不是一个旧物，所以津村说的不无道理，也许是外人带到她家里去的。宫路觉得津村不像是说谎，如果他要编造谎言，首先应该隐瞒自己去淳子住所的事实才合情合理。再说这张票根上没有使用日期和发行日期，淳子没有理由把这种无用的东西一连几天放在枕头边上。

宫路知道淳子很喜欢房内的整理，一旦发现物品离开了原定的位置就会很不安心。为了保持房间的整洁，她甚至采取了限制生活方式的极端手法。

正因为如此，宫路热衷于养蚕，甚至将家里作为养蚕中心的做法使淳子忍无可忍，成为两人分居离婚的重要诱因，所以宫路断定淳子绝无可能把用过的参观券票根连续几天随意放在枕头边上。

如果这是罪犯遗留下来的，那么他最近肯定去过这张参观券发行单位所在的“会津若松市东山町院内”。

“是会津若松吗？”宫路轻轻地自语道。会津若松是在戊辰战争中发生悲剧的“白虎队”的伤心地，宫路通过了解“白虎队”才认识这个地方。不过，宫路对“白虎队”的兴趣不大，他更关心的是“福岛的养蚕”。

现在手里只有一张参观券的票根，它的来历至今还是神秘莫测，正因为如此，使宫路对素昧平生的会津若松产生了浓厚的兴趣。

宫路觉得会津若松总和一些重大事件有着某种内在的关系。历史上，会津藩高举义旗，曾以小小的一藩之力和声势浩大的官军在会津若松展开了长达一个月的戊辰战争，他的头脑中渐渐地呈现出当时铁马金戈的惨烈场景……如果淳子还活着，带她去那儿凭吊一番，也许两人还有和解的希望。

“我在瞎想什么？”宫路摇摇头，忍不住苦笑了一下。

第五章

1

绿丘公寓杀人事件的搜查工作并没有取得明显的进展。

警方首先对被害人的异性关系进行了全面的调查，凡是上了嫌疑人名单的人都过了一遍。淳子自从和丈夫分居后，过上了相当放纵的生活，但每个嫌疑人都是她的玩伴，没有发现具有杀人动机的、关系很深的异性。

据此，警方认为也许还有没上黑名单的很隐蔽的“关系者”，刑警们为此继续不懈地努力，展开了新一轮的搜查。

公寓附近的居民给负责现场及周边搜查的水岛提供了一个新的情报：案发那天夜晚零点左右，有人看见一个年轻的姑娘骑着自行车驶出公寓区域。

那个居民向水岛反映：“那晚我在公司加班，很晚才回来，就在半路上看到一个年轻的姑娘骑着自行车从绿丘公寓出来，我想这么晚了，怎么还有一个姑娘骑车在街上逛，觉得非常奇怪。那个姑娘很漂亮，有二十岁出头。”

“你知道那个姑娘是从公寓区的哪栋楼出来的吗？”

“这个倒不知道，只看到那辆自行车是从公寓区驶出来的。”

“是辆怎样的自行车？”

“迷你型自行车。”

水岛根据这个线索，重新对这一带的居民情况进行排查。他先去了三十二号楼，查实有自行车的人家共有十三户，其中五户有微型自行车，但这五家没有和线索相符的年轻姑娘。不过，其中有一家声称他的微型自行车在案发的那天夜晚被偷走了，其他人家没有人在那个时段骑自行车外出。

水岛认为只有两种可能性：一种是那个骑自行车的年轻姑娘从外面进入公寓区偷盗了微型自行车，另一种是她事先拜访了公寓内的某户居民，回去的时候就“顺手牵羊”了。

但是，经过核实，那晚除了被害人的家里有客人之外，其他人家都没有。

水岛回到警署后，把此事告诉了年轻的刑警村田和山路。

他说：“真不敢相信，那个姑娘怎么会偷盗朋友公寓的自行车呢？”

村田推测道：“也许凶手就是那个姑娘，是她作案后偷了自行车逃跑的。”

水岛虽然很难相信他的推测，但也不完全排除那种冲动型的罪犯。那个“骑自行车的年轻女人”第一次进入了警方的视野。

与此同时，负责现场周边搜查的搜索班也取得了一些进展。年轻的刑警石原在公寓附近的马路上发现了一些玻璃碎片，看起来还是新掉下的，虽然不知道是否和案件有关系，他还是细心地搜集起来带回警署。经过专业人士的鉴定，认为这些玻璃碎片好像来自自行车灯的玻璃灯罩。

石原知道了鉴定结果后，正巧听到水岛和村田等人在讨论那个骑自行车姑娘的事，一时性起，也加入了他们的队伍。

“就是那辆自行车的玻璃灯罩！”石原突然大声叫了起来，其他人都齐刷刷地看着他。

水岛惊奇地问道：“你说自行车的玻璃灯罩是什么意思？”

“我在现场附近的马路上发现了自行车玻璃灯罩的碎片，好像才掉落不久。”

“那你怎么能断定玻璃碎片是那辆自行车的玻璃灯罩呢？”山

路表示怀疑。

“我还不能肯定，”石原老实地承认，“只是听大家说案发当晚有个年轻姑娘骑着自行车从现场区域出来，就产生了这样的联想。”

山路讥讽道：“你也联想得太快了，现在偷盗自行车的事多得是，不稀奇。”

水岛不满地插了一嘴：“石原固然不能肯定，但能假定那个骑自行车的姑娘和自行车玻璃灯罩碎片的关系，难道不行吗？”

“假定？”山路转过脸看着水岛。

“是的。现在假定那个姑娘骑的自行车突然发生了玻璃灯罩破碎的情况，玻璃碎片撒在了马路上。我想问的是，那个玻璃灯罩为什么会突然破碎了呢？”

“我是这样想的，要么自行车和其他车辆发生了碰撞，要么那个姑娘骑车的时候不小心倒在地上，造成了玻璃灯罩的破裂。”村田提出了自己的猜测。

水岛说：“我同意村田的看法，也许附近的居民会目击这种情况。”

最后，大家统一了认识，重新以自行车灯罩落地的区域为中心，张开了搜查之网，经过一番搜查，果然有了新的发现。

一位附近的居民反映：“我的大黄最近叼到了一个奇怪的东西。”

“大黄？”

“大黄是我家养的狗。那天我带它出去散步，没有上锁，让它自由奔跑，没想到它叼到一样奇怪的东西。”

“是什么东西？”

“好像是女人的胸针。”

“胸针？”

“外面涂着漆，是民间工艺品。”

“那个胸针还在吗？”

“我把它放进破烂箱了。”

“请拿出来看看！”

不一会儿，那个居民返回家中拿了一样东西出来，“就是这个东西。”

那是个木质的涂着漆的胸针，雕刻成花的模样，看上去还是比较新的款式。

搜查刑警问：“能不能让我带回去仔细看看？”

那个居民大方地说：“可以。那是狗叼来的东西，本来就应该交给警察的。”

搜查刑警带着那枚木制的胸针走进位于目黑的日本民间艺术馆，要求进行艺术鉴定，结果被鉴定为“会津雕漆”。

“是会津吗？”

警署的刑警们得知这个消息后不由得面面相觑，那只狗叼来的胸针会不会在发现玻璃碎片的同一地方呢？这是否就是那个骑自行车姑娘的配饰呢？尽管现在无法确定，但这个普通的胸针却明晰地指向了会津的方向。

2

五月下旬的周末，六本木一带人满为患，连步行都很困难。

在这样繁华的大都市里，走着饥饿的史织。他虽然带着钱，却不想一人进入餐厅用餐。突然，他想到了迪斯科舞厅，虽然对跳迪斯科没什么兴趣，但那儿会有一个餐饮角，想必会出售美味的寿司和意大利通心粉。

史织慢慢地从“麦比乌斯”迪斯科舞厅前面走过。这家舞厅设在一条后街的大楼里，最近才刚落成对外营业，它采用了最先进的电子音乐和最豪华奇特的照明装置，以此吸引了大批的都市青年，是六本木最时兴的迪斯科舞厅。

史织一走进舞厅，耳边就响起了强烈刺激的电子乐声，位于中央的舞池里挤满了兴奋的男男女女。三层楼高的屋顶上悬吊着一只号称“麦比乌斯光带”的巨大灯环，正不停地转动着奇幻的光影，宛如黑暗宇宙中一个灿烂的星座，使舞客们产生了在星空里跳舞的错觉。

由于是周末，舞池里挤满了人，四周的座位也座无虚席。那些没有女伴的男子正坐着贪婪地注视着自己看好的跳舞女郎，女郎们也非常懂得风情，一边跳着，一边不时地向那些男子抛媚眼。

舞厅的餐饮角堆满了大量的精美食品，吃饱喝足的史织快步走进了舞池，那些舞姿甚健的男女正在狂歌劲舞，把舞厅的气氛不断地推向高潮。史织很快融入跳舞的人群之中，渐渐地，开始喜欢上了这样的环境……

3

“一起去跳迪斯科好吗？”女人死乞白赖地央求道。

“我太累了！”男人表示没有兴趣。

“你不想和我跳舞吗？”女人的声音里带着怨气。

“我没有。”

“那就一起去吧！”

“今晚是周末，会不会人很多？”

“那不是很有意思吗？空荡荡的舞厅里反而少了情趣。我想去最近刚落成的麦比乌斯舞厅。”

“那是什么地方？”

“是现在东京最时兴的迪斯科舞厅。”

“它有什么好？”

“它的音响、内部装饰、灯光都是第一流的，所以东京最时尚的人都会集聚到那儿，越来越红火。最时兴的场所就是这样牛，它有不可抗拒的魅力。”

“噢，听你这么一说，那儿倒是有趣的好地方。”那个男人似乎来了兴致。

这对男女颇有风度。男的不到三十岁，身体修长，穿着一套剪裁得体的西服，显现出健康开朗的风貌。女的才二十三四岁，穿着曲线毕露的套装，留着一头精心梳理的短发，和那些聚集在六本木的年轻发烧友迥然有别。

两人结伴进入了麦比乌斯迪斯科舞厅，女子熟练地从腰包里掏出一张 VIP 卡，向站在大厅、身着亚洲民族服装的一个男服务生晃了晃。服务生说了一句“很抱歉，今天满员了”，那个女子赶紧凑在服务生的耳边悄悄地说了几句。

“对不起，请稍等！”服务生面露惊慌的神色，立刻走进舞厅。

少顷，那个服务生返回来，说了一句“请跟我来”，然后谦卑地把他们引入舞厅的贵宾席。

男人问女人：“你刚才对服务生说了什么？”

“说出了你的真实身份，问他：‘你知道今天来这儿的人是谁吗？’把那小子吓得屁滚尿流。”

“嗯，干得不错！”

“我们先去跳舞吧！”那个女子入座不久，趁服务生还没来点酒水，就拉着男子的手，款款地站了起来。

4

随着跳舞圈的不断扩大，热度越来越高。

舞厅的冷气空调已经全部开足了，但它根本来不及吸收那些年轻人所散发的热气，反而越来越闷热了。就在最高潮的时候，舞厅的灯光突然熄灭了。这是到了跳贴面舞的时间，舞厅的乐曲也变得舒缓起来。那些不怀好意的流氓专门利用这个时段对事先看中的女性下手，漂亮的女性自然成了争夺的对象。

空气突然骚动起来，每个人都感到了与往常不一样的气氛。

就在这时候，头上一个巨大的物体轰然而下。随着玻璃碎片四溅，舞厅内响起了一片惊叫声……

刚开始，场外的人还不知道舞厅里发生了什么，服务生们还亮着手电筒带客人不断进场，一看到场内的情况顿时惊呆了。

“不得了，出大事了！”

“快去叫警察！”

“快去叫救护车！”坐在宾客席上的客人也全体弃座，仓皇而逃，整个舞厅陷落了不可收拾的混乱之中……

事故的原因终于查明，是悬吊在屋顶的环形灯光带掉落下来了。为什么会出现这种事故还不清楚，有人看到这只重达两吨多的巨灯垂直地向着密集的舞客头顶上轰然而下……

不一会儿，舞厅里亮起了紧急照明灯，映照着惨不忍睹的舞池。地板上横七竖八地躺着大量死伤的舞客，地上的鲜血已经汇流成河，许多幸存者都是一脸的惊恐，不知道自己究竟伤在哪里。有的人浑身是血，拼命地呼叫着同伴的名字，有的人颓然地坐在地上发呆，还有的人想起身逃跑，一不小心又被地上的鲜血滑倒在地，再也爬不起来……

救护队终于赶到了现场，将受伤者陆陆续续地抬了出来。

就在周末热闹非凡的六本木，马路上满是响着警报呼啸而过的救护车，同时引来了大批围观的群众……

5

根据现场的事故调查，判明事故的原因是天花板上固定照明灯具的金属件发生了松动，以致无法承受两吨的重量而造成了巨大灯具的坠落。

警方以过失致死嫌疑逮捕了施工方的负责人。

这次事故共有四人死亡，十一人负伤，其中一位死者出现了怪异的现象。

撤去了坠地的灯具后，管辖的麻布警署的吉原警官仔细地察看着还留在现场的死者，突然，他发出了“啊！”的一声惊呼。

“吉原君，你怎么啦？”年轻的助手岸警官不解地问道。

“这个死者的肋腹部有刀伤。”

“什么？”岸的脸上顿时露出惊愕的神色。照理说，死在坠灯下面的人是不会留下刀伤的。

“哦，是真的，确实是刀刺的伤口。是怎么造成的？”岸疑惑地问道。

“这不是照明灯碰伤的，一定是有人用刀具行刺留下的。”吉原肯定地回答。

“难道是先刺伤后，灯具再落下的？……”

“也许吧。”

“照这么说，罪犯应该就在迪斯科舞厅里。”

“罪犯也许已经安全地逃脱了，也许就在死伤者里。”

“若是这样，这个死者究竟是被人用刀刺死的，还是被坠灯砸死的呢？”

“现在没经过司法解剖，还不能得出明确的结论。我们首先要查清这个死者的身份，也许她只是单身客，没有其他同伴。”

从现场的情况来看，死伤者大多是团体客人，所以很快就判明了他们的身份，只有这个死者没有查到她同伴的名字。她穿着一身带着 DC 商标的高档时装，是个美丽的年轻女人。

也许是巨大的坠灯直接砸中了她的头部，所以死者的长发满是鲜血，但整个面部轮廓还能看清。

“啊！”岸突然发出一声惊叫。

“怎么啦？”

“死者原来是个男人！”

“你说什么？”

“死者没有胸部，是塞了充填物冒充的。”

“真的吗？”吉原看了也非常吃惊。虽然男扮女装的伪娘并不稀奇，但是这个死者的化妆术实在太高明了，怎么看都像女人，而且像个非常高雅的女人。

于是，他们决定对这具尸体进行司法解剖。

解剖的结果很快就出来了，死因是头盖骨骨折和全身的损伤。由于右侧腹部的锐利刀伤偏离了致命部位，最后认定不是致命伤。

根据解剖的状况推测，死者是遇刺之后立刻被坠灯砸中死亡的。他是个二十岁出头的男性，身上没有显示身份的证件。女式的钱包里有八万三千日元的纸币和一些零钱，钱包的拉链上还挂着一个红色小牛的装饰品。

“这不是会津地区的工艺品‘红牛’吗？”吉原一看就明白了。以前曾有去过会津的朋友把一只小红牛作为纪念品送给他，所以吉原对此还有印象。

“红牛？”

“是啊，红牛是会津地区的乡土玩具。”

“那么说，死者和会津有着某种关系？”

“现在还不能忙着下结论，也许是他去当地旅游时买的，也许是别人送给他的。”吉原对这个易于操之过急的年轻助手提醒道。

这时，其他死伤者的身份都已经查清了，没有发现和那伪娘相关的人，也许加害者在行刺之后立刻逃之夭夭了。

岸说：“看来罪犯没有预料到照明灯会突然坠落。”

吉原点点头，“如果他能预料到，就没必要行刺了，所以这是个偶发事故。”

“行刺的伤口虽然不是致命伤，但我总觉得罪犯真的想刺杀对方。”

“你认为罪犯和被害者是一起来的吗？”

他们一边议论着，又开始了进一步的调查。

迪斯科舞厅的售票员记得确实在当天夜晚九时许把入场券给了那个“女装的男人”，并证言那人来的时候没有同伴。她说：“那人长得非常漂亮，吸引了很多男人的眼球。‘她’一人款款而来，显得光彩夺目，楚楚动人。”

吉原听了售票员的证言后，提出自己的看法：“如果不是流窜犯的作案，一定是有人紧紧地尾随着‘她’，伺机作案的。”

吉原认为流窜犯作案的概率很低。一般来说，流窜犯往往在马路或其他路径上寻觅下手的目标，然后尾随其后进入目标的家里，趁对方不备突然动手作案。而迪斯科舞厅的案子应和流窜犯作案无关，因为罪犯进入舞厅还须购买高价的入场券，他从来没听说那些流窜罪犯肯买入场券作案的。

经过讨论，两人认为这起案件颇为蹊跷，罪犯可能有复杂的作案动机。

第二天——五月二十六日的下午，麻布警署成立了“六本木迪斯科舞厅杀人未遂事件搜查本部”。由于偶发的坠灯事故帮助罪犯达到了目的，所以这里的未遂和既遂的结果完全相同。

这个身份不明的年轻人，在豪华的迪斯科舞厅遇刺后，又遭到突然坠灯的致命打击，真是可悲可叹。“她”去舞厅为什么要男扮女装？这样做的动机是什么？可惜死者已不能开口说话，这一切也许都将成为永远的秘密。

第六章

1

经过媒体的大肆渲染，六本木迪斯科舞厅的坠灯事故引起了社会上巨大的反响。媒体一再声称这次事故中不仅有许多死伤者，还在死者身上发现了罪犯作案的痕迹。

津村若无其事地看着有关事故的电视报道。当屏幕上出现那个男扮女装的死者面容时，他不由得大吃一惊，因为他对那个“她”留有深刻的印象。

津村记得很清楚，就在他逃离淳子的住所后，曾在半路上和一个骑自行车的年轻女人偶然“接触”过。这个女人现在却作为六本木迪斯科舞厅坠灯事故的死难者出现在了电视屏幕上。“她”不仅死于坠灯，而且死前还受到罪犯的行刺。

津村不禁松了一口气，这个最使他担心的女人终于有了下落，而且死得很惨。当他从最初的震惊中清醒过来，又产生了新的不安。如果说，那个女人因先前的偶遇使他担心，那么这次事故使他更加关注“她”的背景和底细。

那天夜晚，他驾车逃跑时遇上了那个骑自行车的女人，分手之后一直念念不忘。一个妙龄的美女深夜骑着自行车在街上闲逛已经够奇怪的了，没想到“她”竟然是个神秘的男子。接着，津村通过电视还知道了“她”的真实姓名。

电视报道说死者的名字叫宗方史织，今年二十一岁，从小就喜欢男扮女装，半年前，为了实现当电影明星的梦想特意来东京闯荡。

第二天，津村从报纸上看到了有关被害人身份和出生地的报道，说“她”出生于福岛县会津若松市，津村再次惊呆了。

“那个女人，不，那个男人也是会津人吗？”

津村想起曾在淳子的卧室里拿到会津大名府参观券的票根，现在想来这绝不是偶然的，不正好说明淳子和会津有着某种微妙的关系吗？不仅如此，现已判明那晚碰到的史织也是会津人，难道他们之间有什么秘密吗？

如此说来，淳子卧室里的票根就有可能是史织带去的。史织是个男人，正好符合奸杀淳子的罪犯身份。如果他是杀害淳子的罪犯，就不该在接触时随意地给他名片，更不该在寺院外面和他搭话。

想到这儿,津村越发慌乱起来……

2

津村突然拜访了宫路。

两人一见面，津村就开门见山地说道：“其实，上次我有一件事没告诉你，因为我以为和尊夫人的案子没有关系。”

“那你说说是什么事？”宫路惊讶地问道。

“我从尊夫人的住所逃离之后，半路上碰到了一个骑着自行车的年轻女人。”

接着，他叙述了两人接触的经过，说史织就是迪斯科舞厅事故中的“双重受难者”。

宫路点点头，“我在电视上看到了迪斯科舞厅事故的相关报道。”

津村又补充道：“那个史织就是会津人！”

“什么？”宫路一时没有反应过来。

“你不觉得那个史织和尊夫人卧室里的那张票根有什么关系吗？”

“啊，是吗？”宫路顿时变了脸色。

“我是在离尊夫人住所不远的地方碰到史织的，还听说他在死之前被人用刀行刺过。”津村说到这儿，有意看了看宫路的脸色。

“难道你怀疑是我干的？”宫路似乎察觉了津村的用意，不满地说道。

津村赶紧摇头否认，“我不是这个意思。我想你和史织不会有什么关系的，就是尊夫人和史织有什么关系，你也不会认识他。”

宫路发出一声冷笑，“如果我要行刺和老婆睡过觉的情夫，首先就行刺你。”

津村不得不承认：“你说得也有道理，但我的想法和你不同。如果史织和尊夫人有关系的话，那么行刺他的罪犯和绞杀淳子夫人的罪犯就是同一个人。”

宫路愤怒地睁大眼睛，“那个罪犯就是你！”

津村没有和宫路纠缠，继续说道：“也许我的推测并不专业，但总觉得我和史织那晚的‘接触’好像不是偶然的。他可能先我一步来过尊夫人的住所，并在逃离现场的路上正巧和我碰上了。”

宫路讥讽道：“你的推测倒很有意思，为什么不直接去对警察说？”

“不是不想去，心里害怕嘛。要是我对警察说了，他们首先会怀疑到我。”

“你不说，我会对警察说的。”

“现在还不能去说，你已经掌握了我的生杀大权，所以先告诉你这事，待搞清楚后再向警察报告也不迟。”

“嗯，这样说也有一定的道理，让我好好想想吧。”

3

津村告知的信息进一步刺激了宫路的神经。根据津村的推测，杀害淳子和行刺史织的罪犯是同一个人，目前还不清楚他的犯罪动机。

由于史织是男人，所以极有可能是淳子生前的情夫。如果他不是杀害淳子的凶手，谁才是真凶呢？如果真有其他的罪犯，难道史织就是无辜的吗？也许津村的推测是准确的，他在案发那晚和史织在淳子住所附近的马路上相遇绝不是偶然的。因为除了史织之外，至今还没有找到淳子身边有和会津相关的人。

宫路进而认为，把史织放在淳子的“关系人位置”是合适的。也许是他和淳子发生了关系，罪犯知道后不但杀了淳子，继而又行刺了史织。

如果这种推测能够成立，史织在淳子被害事件中的角色就很清楚了，津村的说法也更符合逻辑性。

“去会津调查！”

这个经过反复思考的计划终于在宫路心里定了下来。尽管参观“会津大名府”是什么意思还无法确定，但是那个地方无疑是史织和会津关系的聚焦点，只要去那儿进行实地调查，也许就能找到与罪犯有关的线索。

4

一到六月份，南方就很快进入了梅雨季节，所以最近几天一直阴晴不定。

不过，出发的那一天却晴空万里，空气凉爽，展现出初夏悦目的风景。

对宫路而言，和蚕分别几天是很难受的事。现在正是新的蚕种交配的时节，而且对蚕的染色体遗传病的病原体研究也取得了很大的进展，所以他一天都不想离开研究室。经过反复的斟酌，最后狠下一条心，还是决定去会津。

“你们给我老老实实待着，我马上就会回来的！”

宫路与那些蚕依依惜别后，立刻向会津出发了。

会津是宫路第一次去的地方，所以他心里充满着新奇的感觉。到了郡山换乘磐越西线的列车后，也许是去观看里磐梯景致的缘故，车厢里除了宫路和穿着时尚的城市姑娘外，还坐满了当地的乘客。当列车驶过一个名叫“上户”的小车站时，从左边车窗透过山上的防雪林，可看到清澈的猪苗代湖和巨大的山体。那就是著名的磐梯山，山顶上笼罩着夏日的云雾。与磐梯山相比，猪苗代湖畔的风景比较单调。列车沿着磐梯山脚蜿蜒而行，过了“东长原”车站后，列车向南驶过一个很大的弯道，很快到达了会津若松的车站。

宫路下了车，信步走出车站。车站前的街景很普通，但沿街的两旁建造了不少高层建筑。宫路叫了一辆出租车，对司机说去会津大名府。

司机好心地问道：“会津有很多观光地，先去参观会津大名府的话，一小时就够了，晚上要不要到东山温泉住宿？”

“东山温泉？”

“那个温泉在汤川边上，离会津大名府很近，乘车只要起步价就够了。”

“那好吧。”

虽然先前没有决定今晚住宿的地方，宫路觉得偶尔住在温泉过夜也不错。

没过多久，出租车驶到了会津大名府。

这里是松平家历代藩主的办公场所，四周是郁郁葱葱的参天古木，门前是一大片空地，排列着披甲执锐的武士，在欢迎的鼓声中更显现出威武雄壮的气势。在这块占地两万三千平方米的土地上，当地政府根据在老城故居发现的鸟瞰图进行修建复原，终于重现了这座昔日辉煌的宏大建筑。

平时，参观会津大名府的游客很少，只要在入口处付钱就能马上得到参观券，然后顺着指示路标，依次参观藩主的府第、议事厅、演武场、米仓等处。

特别引起宫路注意的是“家老”（日本古时候诸侯“家臣”的头目，总管家务，统辖武士——译注）西乡赖母家族自杀的场所。由于当时官军迅速地攻入城内，残存的家族人士不得不在官军捉拿之前采取了集体自杀的行动，据说牺牲者共有二百三十多人。

在战争时期，会津藩的藩主家族进入城内，普通的百姓则逃到城外避难。那二百三十多人的集体自杀是想通过自身的死亡来减轻战斗人员的负担，对他们而言，死也体现了一种战斗力。经过了天下统一的二百六十多年后，宫路参观此地，不由得对以死报藩的会津藩肃然起敬。

参观完毕后，宫路浑身都被汗水浸透了，他想尽快到温泉地好好休息一下。

虽然心里有了会津藩的鲜明形象，对于史织的事却一无所知。他问入口处的管理人员：“有没有参观者的名录？”对方回答：“没有这样的名录。”

这条宝贵的线索突然中断了，宫路虽然感到可惜也无可奈何。

他来到出口旁边的一个休息室小憩。一个打扮时髦的年轻美女也走了进来，宫路对她依稀有点印象，好像在郡山转乘列车时曾在同一节车厢里待过。

那个美女也好像记起了宫路，但她只是目光稍稍流转，没有一点其他的表示。也许她喜欢一人单独游玩，所以表现出拒绝与他人交往的冷漠。宫路曾见过许多一人独游的年轻女性，她们大多穿着时尚，兴趣盎然地走在古老的街区遍访名胜古迹。这些人就是报刊上大肆渲染的“种族”。但是，那个美女和“种族”根本不同，没有“种族”们“什么都想看一看”的兴趣。

虽然出来旅游，对未知的景物却没有太大的兴趣，似乎有些自闭，宫路不知不觉地开始注意起那个美女来。

美女喝了一杯冰咖啡后站起身来走了。宫路相隔一会儿也走出了休息室，他刚从出口走到外面，发现那个美女正好进入一辆出租车。

宫路期待那辆出租车能向东山温泉的方向驶去，谁知却驶向市内。宫路冲动地想乘车尾随其后，又觉得不妥，只得乘上了一辆出租车，直接驶向东山温泉。

“请问先生住东山温泉的哪家旅馆？”司机随口问了一句。

宫路这才想起自己还没有决定，他反问：“你能带我去一家安静的旅馆吗？”

司机自信地点点头。出租车一路疾驶，很快就驶入了东山沿着溪谷建立的旅馆街。那儿的风景很美，狭长的溪谷弯弯曲曲，浓绿的山体近在眼前。出租车在一家临溪的古旧旅馆门前停了下来，一个穿着伙计衣服的男子立刻出来迎客。

宫路问：“我没有预订，这儿有空房吗？”

男子谦恭地回答：“今天正好有一间好房间空着。”

宫路下了车，跟随着那个男子进入旅馆。在他的指引下，宫路走进一间面山临池的客房，池子里游动着许多色彩斑斓的锦鲤鱼。

客房外面是沿着溪岸而建的走廊，走出走廊就能见到清澈的溪流，显得十分雅致。一个有点年岁的服务员拿着茶点走进客房，殷勤地向宫路询问用餐的时间。这时候，离客房不远的一间小屋里似乎正在举行宴会，喧闹的气氛中不时传来宾客的笑语和喜庆的鼓乐。

服务员关切地问道："客人单独待在房间里不感到寂寞吗？"

宫路摇摇头，"我一个人挺好的，很舒服。"

"噢，像您这样的客人倒不多见。"服务员很实在地说道。

"一个人也不错，可以在这儿自娱自乐。"

"东京来的客人常会叫艺人进来陪酒的。"

"哦，我刚才看到那儿有很多女艺人进出，大概是团体客在作乐吧？"

"对不起，惊吵您了，那是郡山地方的公司职员团体在搞活动。"

"团体活动怎么要叫这么多女艺人呢？"

"现在年轻人都喜欢叫女艺人陪酒，管她们叫伴侣。"

"那些女艺人不都是些老婆婆吗？"

"最近这种情况已经变了。"

"难道他们叫的都是年轻的女艺人？"宫路感到非常惊讶。

"是的，他们把这些年轻的女艺人叫做'新艺人'。"服务员进一步解释道。

"'新艺人'？"

"百闻不如一见，先生不妨叫一个试试看！"服务员不愧是个劝客的高手，经她一说，宫路不由得产生了强烈的好奇心，同意服务员介绍一位"伴侣"来。

没过多久，来了一位年轻的女艺人。她只有二十多岁，容貌平平，也没有带乐器三味线，宫路不知她有什么新奇之处。

"我叫音吉，请多关照。"女艺人笑着对宫路打了个招呼。

“哦，能陪我喝一杯酒吗？”从没有和女艺人相处过的宫路有些紧张。

“我很高兴陪先生喝酒。”女艺人说着，款款地坐在宫路的身边，虽然长相普通，举手投足却颇有风致。

“先生，请喝一杯！”音吉拿起酒壶倒了一杯酒，对宫路劝道。

“你也喝一杯吧。”宫路笑了笑。

“多谢先生！”

宫路拿起另一只酒杯准备倒酒。

“先生，不用。我喝您喝剩的酒。”音吉眼波流转。

宫路虽然没有花心，但在音吉的殷勤照料下，不由得勾起了异样的情愫。

音吉柔声问道：“先生是从东京来的吗？”

宫路十分好奇，“你是怎么知道的？”

“这个当然知道，东京的客人都长得很帅。”

“嗬！我还是第一次听人说我长得帅。”

“而且氛围也不同，小地方来的客人都比较土气，只会傻傻地看电视。”

这时候，服务员又送来了酒和料理，笑着问宫路：“您还满意吗？”

宫路夸奖道：“很好！不愧是新艺人，服务也很周全。”

“呵呵！”音吉抿嘴笑着，意味深长地看了服务员一眼。她们之间似乎有着难言的秘密。

宫路皱起眉头，“怎么啦？有什么好笑的事？”

服务员含笑问道：“先生，难道您真的没发现什么吗？”

“我没发现什么。”

“你没觉得这位姐姐比女人更有魅力吗？”

“什么？比女人更有魅力……”宫路猛然一惊，开始重新审视音吉。这个所谓的新艺人，原来是个男扮女装的伪娘。

“您这样看着我会害羞的，”音吉扭着腰肢娇嗔道，“很多人都被我骗了。服务时只能捏着嗓子说话，否则让客人听到我的大嗓门就麻烦了。”

宫路信服地点点头，“原来你是个男的……真让我吃惊，不论怎么看你都像个女人。啊，我完全被你骗了。”

“干我们这一行的确实比女人有魅力，因为我们对女人有过专门的研究。”

“研究女人……大概会津早有这样的风气吧？”宫路在感叹之余，突然想起了什么，问道，“音吉，你是本地人，认识一个叫宗方史织的人吗？”

“当然认识，我们一起出来谋生的，我还是他的朋友呢。”

宫路担心他认识的史织会不会是同名同姓的其他人，又问：“是吗？他和你一起干过？那他是找对人了。”

音吉耸耸肩，“史织是我们当中最棒的一个。不过，他不甘心长期待在这儿。半年前，他去东京闯荡，没想到后来遭了难。东京真是个可怕的地方。”

“哦，你也知道这个消息了？”

“是呀，电视上登过史织死难的照片，说他是迪斯科舞厅事故中死亡的不明身份者，大家一看就知道是史织，所以他的死在我们这儿引起了很大的震动。”

“史织在这儿有没有关系特别好的人？”宫路紧追不舍地继续发问。

“先生是警察吗？”音吉突然脸色一变，充满戒心地反问道。

宫路慌忙编了个理由：“我不是警察，只不过是史织在东京的朋友。这次因工作上的事来到这儿，如果他的家人在的话，我想去他家上一炷香。”

“史织早已和家里断绝关系了。干我们这一行的都这样，不和家里人来往。”

“这儿有没有史织特别亲近的朋友？”

“史织是个男扮女装的伪娘，只有女人才喜欢他。据我所知，他在这儿好像没有关系特别密切的女人，虽然经常和男人打交道，但是男人知道他的真实身份后不会把他当一回事的，难道先生喜欢史织这样的男色吗？”

“我没有这种兴趣。”宫路笑道，心想自己不能被音吉骗了。

音吉说：“史织有没有关系亲密的人不清楚，但知道是有人劝他去东京的。”

“是谁劝他去东京的？”

“那个人叫什么名字我不知道，只记得他在这家旅馆把史织叫到客房里去的，说只要去东京，保你当上电影明星，所以史织就完全相信他了。”

“那是真的吗？”

“是的，史织就是听了那个人的话后才去东京的。”

“你知道那个客人的名字吗？”

“我不知道，旅馆的住宿登记簿上也许会留下那个客人的名字。”

宫路在这儿意外地获得了史织的消息，但向旅馆打听那个客人时遇到了麻烦。旅馆方面声称，警方要求他们不得向外人透露旅客的任何信息。宫路对此表示理解，觉得就是知道那个客人的信息也用处不大，因为客人只是劝他去东京，对于史织的死没有直接的责任。

第 七 章

1

第二天,宫路改变了主意,不想再去走访史织的老家了。

自己不是警察,去走访早和死者断绝关系的老家,能打听到什么吗?虽然是来了解犯罪线索的,一个平头百姓又能起多大的作用呢?

因此,宫路打算今天好好放松一下,先去参观会津的名胜古迹,然后去食街好好地品尝当地的风味小吃,明天启程返回东京。

宫路特意制定了今天一天的旅游参观日程,首先去参观当年戊辰战争中攻防最为激烈的鹤城,然后去凭吊白虎队自裁的饭盛山,以及遍布弹孔刀痕的龙泽主阵地。如果有时间,再去参观市内的一些名胜古迹。他想去看复建后的日新馆,当年作为藩校名震四方,就是地方较远,处于郊区。鹤城于明治七年根据政府的命令被毁了,一直到昭和四十年才在原址复建了一幢粉墙黛瓦、有五层楼的天守阁。

现在的天守阁热闹非凡,几乎天天挤满了旅游团体客和前来修学旅行的大量学生。除了参观各个楼层展示的会津文化遗产,登上最高层俯瞰市区和四周相拥的青山更是一大快事。宫路在此远眺饭盛山后,慢慢地从天守阁下来,正好和一个拾阶而上的年轻女人不期而遇,双方同时发出了“啊”的一声。那个女人就是宫路昨天在大名府见到而失之交臂的美人。

可惜对方很匆忙,没有瞬间交谈的机会,宫路只好落寞地走下了天守阁。那个女人好像昨晚就住在会津若松的旅馆里。

参观了鹤城旧迹后，宫路又乘车前往饭盛山。那儿比鹤城还要热闹。由于全国的百姓都知道白虎队的事迹，所以参观白虎队当年战死的地方几乎成了来会津旅游的必修课。从饭盛山的山脚到埋葬白虎队墓地的山顶坡度陡峭，沿路敷设了很长的石阶和自动扶梯。山脚下还设立了白虎队纪念馆，馆里展示了有关戊辰战争的大量资料和一万两千件当年的遗物。

“山脚是总部，山顶是分部。”宫路不由得想起出租车司机告诉他的这句话。于是，他随着人流前行，首先参观纪念馆，然后乘自动扶梯上山。站在山上的坠士之墓可以饱览山下的市区风光，此时，坠士墓前香烟缭绕，也许这儿是十六七岁的少年们最景仰的地方。宫路从坠士墓又沿着山路行走，最后回到了自动扶梯的终点，无意间看到附近竖着一块刻着“凌霜队”的石碑，宫路读了碑文才知道了这段比白虎队还要悲惨的历史。

正当他回味着那段惊心动魄的历史时，突然听到背后传来的脚步声。回头一看，又是那个心仪已久的女人，她好像也顺着宫路一样的路径在山上转悠。

“啊，我们又见面了！”宫路终于逮到了机会，高兴地说道。

“是啊。”那个女人灿烂地笑着，意外地露出了容易亲近的表情。

“哦，这是‘凌霜队’的纪念碑。”那个女人在石碑前停住了脚步，好像是特意来参拜的。

“今年春天去郡上八幡旅游时知道了凌霜队的事迹，所以就想来会津寻找凌霜队的遗迹，也算来扫墓吧。”那个女人仔细地看着碑文，不无深情地说道。

此时，宫路听到背后人声喧哗，大队的团体客人匆匆地路过石碑。

和白虎队相比，凌霜队的那段历史长期静静地湮没在历史的尘埃里，那些少年队员的无畏牺牲也许积蓄着更多的愤怒和后人的嗟叹。

宫路为了寻找杀妻罪犯的线索来到会津，没想到会来这个地方休闲。不过，他并不感到奇怪，觉得是被害妻子的愤怒与戊辰战争中失败的会津藩的愤怒互相结合起来，冥冥之中把自己引导到这儿的。

“你是一个人来的吗？”宫路好奇地问道。

两人不知不觉肩并肩地走着。

“我邀请朋友一起来，但他的日程安排和我不一致，只能一个人出来了。”

那个女人说话时露出了一排洁白的牙齿。

在行路的过程中，宫路发觉对方身材高挑，俊美端庄，一头秀发随风飘逸，瀑布般地散披在肩上，凝脂般的容貌在乌发的遮掩下更显得神秘娇羞，楚楚动人。

为了避开陡直的石阶，他们通过当年白虎队行走的户口洞前面，慢慢地翻过山坡走下山脚。

“我现在就去瀑泽的主阵地。”宫泽对那个女人说道，话中包含着“你也一起去吗？”的意涵。

那个女人问：“那儿是否就是戊辰战争的主战场？”

“是的。据说是会津藩的主要阵地，松平容保就是在那儿指挥打仗的。”

“我也很想去看看，能一起去吗？”

“当然可以，请吧！”宫路高兴地说出了心里话。

于是，他们下山后拐入右边的一条细长的小道，很快就到达了主阵地的前面。主阵地的建筑虽然比会津大名府小得多，却显得古趣盎然。

走进入口，眼前是一片广袤的土地，散落着许多行军灶，还有一座用粗大原木支撑的房屋，房屋内部用木板分隔，最里面设有仓库和客厅，客厅里展示着藩主爱用的物品和古文书。房屋的设施虽然十分简单，但是板壁和木柱上却留下许多刀枪的痕迹，让人联想起当年激战的情景。

那个女人抚摸着布满刀枪痕迹的板壁，感叹道："都说时间能愈合任何的怨愤，但是这儿的情况却不同，无论经过多长时间，会津藩的怨愤好像都不会消失。"

宫路也颇有感触地说道："会津藩不懂得历史发展潮流，所以采取了拒绝忘记仇恨的态度。也可以说会津就是在这个'拒绝'的基础上重新站立起来的吧。"

"拒绝忘记仇恨？那太可怕了。"

"如果不拒绝，岂不就完全绝望了吗？"

宫路说这句话自有他的根据，来会津之后，最大的感受就是盆地的和平风光和历史培育的传说文化。由于四面环山，阻碍了和其他地方的文化交流，这里形成了自身独特的自给自足型的文化。

那个女人娇笑道："我不完全同意你的说法。虽然这儿留下了深重的历史仇恨，留下了当年激战的痕迹，但是长时间的岁月侵蚀毕竟改变了旧时的模样，我们今天重访此地，不是同样感受到和平和美好吗？"

走出了瀑泽主阵地后，宫路再也找不出继续同行的理由，不得不探询似的看着那个女人。

那个女人开口道："不好意思，打扰你一人独游的雅兴了，我得先走一步。"

"不客气，我很乐意和你同行。"宫路有些依依不舍地回答。

那个女人又问："你是从东京来的吗？"

宫路倏地一惊："是的，你也从东京来？"

"是啊，很早就想到这儿来，这次总算了却了心愿。"

“那你现在准备回去吗？”

“不，难得来一次，我准备在这儿住一个晚上。”

“我也打算这样。”

那个女人试探道：“今天住哪儿已定好了吗？”

“还没有，昨天在东山温泉住了一晚，今天想住在市内的旅馆里。”

“啊，那太巧了。我昨晚住在市内旅馆，今天想住在温泉地，如果可以的话能不能把你昨晚住的旅馆介绍给我？”

“我住的温泉旅馆名叫本瀑，是靠着溪边的一家很安静的旅馆。”

“我昨晚住的市内旅馆也很好，要不要介绍给你？”她随即说了旅馆的名称。

宫路很想和她一起再度住宿温泉旅馆，只是一时开不了口。

于是，宫路拿出了自己的名片，“认识一下，我叫宫路弘一。”

“那好吧，我叫古川美保子。”

宫路又叮嘱道：“如果你去东山的那家旅馆，只要报上我的名字就可以了。”

“谢谢你的帮助。”那个女人说着，并没有邀请宫路同去的意思。

宫路虽然很珍惜这个难得的机会，但只得无奈地和她分手告别。

2

古川美保子介绍的旅馆稍稍偏离闹市区，处于一个安静的角落。

“我是昨晚住宿贵馆的古川美保子介绍来住宿的。”宫路刚对旅馆的服务台说了一句，对方连押金都没收，立刻爽快地向他提供了一间客房。

“我和古川美保子小姐是在路上相识的，两人一起参观了饭盛山和瀑泽主阵地，我不小心遗失了写着她住址的字条，只记得她住在东京的什么地方。”

宫路故意编个理由这样说道，服务台的服务员立刻殷勤地说：“请稍等！”

他飞快地翻阅起昨晚的住宿登记卡，不一会儿就高兴地对宫路说道：“啊，找到了，古川美保子小姐住在东京涉谷区广尾三丁目十七番八号。”由于编的理由很巧妙，宫路轻易地得到了自己想要的信息。

旅馆给宫路提供了一间大床房，虽然窗口很小，眺望街景的角度却很好。

宫路暗忖：如果昨晚不住东山的温泉旅馆来这儿的话，也许就能和古川美保子一起连住两个晚上了。想到此，真有些后悔不已。于是，他又为美保子操起心来，她能平安无事地住进东山温泉旅馆吗？自己既然是介绍人，应该有确认其是否安全的责任。

宫路终于找到了向古川美保子打电话的借口。不过，临打电话时，又开始犹豫起来：现在也许正是美保子吃过晚餐，去洗温泉澡的时间……她应该在用晚餐前就进入温泉旅馆的吧……考虑了半天，宫路终于鼓起勇气给温泉旅馆打了电话。旅馆的服务台服务员肯定地说古川美保子确实到了旅馆。

“请把我的电话转到她的房间。”宫路急切地说道。

“对不起，她正在打电话，无法转接。”服务员客气地回答。

等了三十分钟，他再次向温泉旅馆打电话，服务员说对方还在通话中。

宫路听了十分郁闷：美保子一定是和原来预定前来的朋友通话。朋友并不知道她住在东山的温泉旅馆，想必是美保子主动打电话的吧？一个美貌的女人单独出来旅游，又从旅馆给朋友打了长时间的电话，这个朋友究竟是个怎样的男人？

美保子说在郡上八幡旅游时知道了凌霜队的事迹，那时她一定是和那个男友同行的。来会津前两人也必然有过约定，只是日程安排的问题才不得不单独出行。

又等了三十分钟，宫路第三次打去电话，终于接通了。

“我就是今天和你一起旅游的宫路，担心你是否平安到达旅馆，特来问候。”

“啊，是你啊！”电话里传来了美保子惊讶的声音，“太感谢了，承蒙关照，我已经顺利地住进了温泉旅馆。”

宫路感到对方的声音有些哽咽，想必是刚才那个长时间的电话造成的。

他问道：“我的房间观景很好，全靠你的热心介绍。你那儿的房间怎样？”

“我住在二楼一角的客房里，面朝庭院里的大池塘，里面有许多锦鲤鱼。”

“你的房间也许就是我昨晚住过的，它叫什么名字？”

“蓬莱。”

“啊，那是我住的房间，真是太巧了。”

“请问你的房号是多少？”

“我住 801 客房。”

“那也是我昨晚住的房间呀。”

“是吗？刚进客房时，我就想会不会是你住过的房间，结果真是这样。”

“是啊，我俩都一样。”谈话之中，美保子似乎渐渐地平静下来。

宫路进一步试探道：“如果不是行程不对，当时真想和你同住一家旅馆，现在感到有点遗憾。”

“这说明我们还是有缘的。”美保子有意回避了这个敏感话题，“请尽早休息吧，如果有缘，我们还能再次见面的。”

“晚安！”

宫路挂上电话后，突然感到很疲乏。白天确实够累的，观光时不但要乘车，乘自动扶梯，而且在各个景点之间还要步行相当长的时间。

客房的空调虽然效果不错，但是宫路很想呼吸新鲜空气，他干脆打开窗户，让山国的夜气进入房内，深深地吸一口，果然和东京的空气完全不同。

宫路从窗口探出半个头，尽情地呼吸着。

突然，他发现窗框上贴着一张纸条，上面写着“消防员救助口”几个大字。

看来这是个紧急出口，一旦发生火警，消防员就能通过窗口救助被困的客人。

与此同时，宫路又发现窗口的两侧，即把房间夹在当中的两旁的墙壁都间隔着很大的空间，相当于一间单人房大小。宫路不知这样做究竟是出于安全上的考虑还是设计上的独特结构。也许这样的设计是考虑到发生火灾时能作为消防员灭火或急救的通道，即便如此，这样的空间也太大了。宫路虽然对旅馆的奇特结构颇感不解，但也没兴趣打电话到服务台问个究竟。

3

宫路决定在这家旅馆住一晚上，第二天就启程离开会津。虽然最近三天都是好天气，但由于梅雨的锋线再度袭来，自昨天开始天气大变，天空一片阴沉。也许会津地处盆地，加之历史的怨念郁结不散，灰暗的空中开始掉下了黏稠的雨滴。

宫路暗自庆幸自己在天气最好的时候参观了会津的名胜古迹，还有幸认识了古川美保子。

“真是奇妙的旅行。”宫路轻轻地自语道。他为追寻杀妻罪犯的线索来到会津，结果空手而归。要是自己能早一点对淳子付出这点热情和关心，要是淳子现在还活着，夫妇俩也许能找到新的发展方向，现在一切都太晚了。第二天一早，宫路怀着逃出阴暗会津的急切心情，迅速地乘上了返回东京的列车。

第八章

1

麻布警署的吉原警官最近很忙，一直在追踪六本木迪斯科舞厅事故中夹杂的那起刺杀未遂事件。舞厅的坠灯事故是施工马虎造成的，刺杀未遂却是有计划的犯罪行为。

毫无疑问，罪犯一定混在当晚的迪斯科舞厅的客人之中，但是调查的结果使警方感到气馁。不仅死伤者中没有发现和被害人相关的人，舞厅的工作人员中也没有找到罪犯的线索。于是，警方认定罪犯就在逃离舞厅的人员之中。

据调查，事故发生后，有很多客人协助救护留在现场的死伤者，但是那些客人都说不认识被害人。当然，也有不少人当场就逃离了迪斯科舞厅。

事故发生的那天正好是周末，去迪斯科舞厅跳舞的客人很多，大约有三百人进场。除去舞厅的工作人员和熟客，大部分客人都是第一次来的生客，所以那些逃离舞厅的客人根本无法寻找。

尽管目前毫无线索，吉原依然认为这绝不是毫无来由的流窜作案，罪犯和被害人之间一定有着某种关联。

为了进一步调查此案，麻布警署成立了搜查本部。虽然措施得当，依然困难重重。警方认为，罪犯行刺并不是史织死亡的原因。因为就在罪犯动手的时候突然发生了坠灯事故，也许这才是被害人真正的死因。

但是从另一方面来说，罪犯难辞其咎。如果罪犯不行刺，史织就有可能从事故中死里逃生。正因为行刺损伤了他的行动能力，所以被害人明知危险也无法及时地逃生，罪犯的行为导致了他的死亡，两者具有因果关系。

警方已查明史织的出生地是会津若松市，到他老家调查时，听说他在两年前已离家出走，在近郊的一家温泉旅馆担当“艺人”的工作。半年前，他又来到东京谋生，和家里人彻底断绝了来往。当警方请他家里人领取尸体时，作为家长的长兄竟然一口拒绝，声称随便警方怎样处置。

虽然判明了史织的身份，但是不清楚他在东京的住所，警方认为他不可能长住在旅馆里。

史织的案件在报上披露后不久，新宿歌舞伎町的一家接待女客的酒店“奥林匹斯”来人向警方承认该店确实有一个名叫“史织”的员工。酒店的店长声称事先并不知道，是其他客人告知后才知道这事的。接着，店长亲自来到尸检所，确认死者就是宗方史织。

据说史织入店后一直住在员工宿舍里，但在死前的一个月里经常夜不归宿。

吉原听到这个消息后，立刻赶去调查史织住的房间。那个房间原是西大久保的公寓房，改为“奥林匹斯”的员工宿舍后，共有三名员工入住其间。那间房间只有八张榻榻米那么大，里里外外脏乱不堪。房门前放着脏兮兮的吃过的外卖餐盒，房间里的床铺也不整理，厨房的水槽里放满了留着食品残渣的各种食器，杯面的空杯子堆积如山。除此之外，各种杂志、塞满烟蒂的烟缸放得到处都是，甚至连水果皮、纸屑也乱撒一地，简直没有落脚的地方。房间里散发出一股难闻的臭味，看来已有好几个月没有打扫了。

吉原和助手岸在店长的陪同下来到史织住过的房间，看到这样脏乱的情景不由得皱起了眉头，几乎想捏起鼻子。

吉原暗忖：这种狗窝似的房间真不是人待的地方，也许史织就不想回来吧?

“史织君的行李就是这些了。”店长说着，从壁橱的大抽屉里拿出一只旅行袋，又从一个西式大衣柜里拿出十几套吊挂着的高级女装，每一套都是著名设计师的精品，在这乱糟糟的房间里显得十分醒目。

店长说：“原来安排史织君住别的房间，但是当时没有空房，只能将就着让他住在这儿，他也不大回来住宿。”

吉原问：“史织在精神上没问题吧？”

“我们酒店里是有一些不太正常的人……但和男妓是有区别的。史织君是个地道的男人，只是喜欢男扮女装而已。他也喜欢女人，和任何正常的男子一样。”

“你们酒店有没有偏爱他的女客？”

“那就太多了。”

“史织有没有告诉你哪个女客最喜欢他？”

“这个嘛……”店长一时语塞。

“你要知道，史织是被人谋害的。也就是说，他因为被人行刺，所以受伤后无法逃脱灾难。如果你想抓捕那个罪犯请务必配合我们，你应该不希望我们去调查贵酒店风化方面的问题吧？”

吉原加重了语气，显然增加了恫吓的意味。他很清楚，这类风情酒店只要稍加调查就能查出不少问题，所谓的“接待女客酒店”

不过是专向女性客人“卖春”的特定场所。史织之所以长期不回员工宿舍，极有可能就在女性客人的住所过夜。

果然不出所料，店长听了吉原的一番软中带硬的话，立刻改变了态度。他说：“史织君确实是个卖春的人。那些男人开始自以为他是个女人，常叫去陪酒，后来明知道他是个男人，因为感到很有趣，照样叫去接待男人。”

吉原问：“你们这个酒店也有男客吗？”

“那些男人都是女客带来的，也有在我们酒店不知道的情况下偷偷带来的。那些带男人来的女客往往是拉皮条的，而来的男人却是出钱的买春客。”

“那些来的客人中有没有对史织特别有兴趣的人？”

店长想了一下说道：“那个死去的宫路淳子特别偏爱史织君。”

“死去的宫路淳子？”吉原顿时两眼放出光来。

“就是她。最近听说她被人绞杀了，难道为了这件事史织君才……”

店长若无其事地说着，脸色却已经变了。

“这是谁告诉你的？”吉原继续追问道。

“那个叫宫路淳子的女人是个年轻的夫人，对史织君特别痴迷，生前平均每周有两三次来我们酒店，但是今年五月中旬她在住所里被人绞杀了，史织君好像也受到了很大的打击，所以我怀疑史织君的被刺可能和那起案件有关。”

五月十二日，在碑文谷警署管辖过的一栋公寓内，有个别居的年轻女人被人绞杀了，吉原当然知道那起发生在邻近警署辖区的杀人事件。那个女人确实姓“宫路”，吉原还看到过碑文谷警署传发的死者照片。虽然还不清楚那起绞杀案和这起刺杀未遂事件有什么关系，但是现在查明宫路淳子是痴迷宗方史织的人，而且就在史织被刺前不久突然死了，吉原当然不会放过这条极其有用的线索。

吉原又问："那个叫宫路淳子的女客是宗方史织的最大粉丝吗？"

"可以这么说吧。虽然也有其他客人喜欢史织君，但都无法和宫路淳子相比。"

"难道是宫路淳子抓住了宗方史织的心吗？"

"有可能。因为宫路淳子也是个让男人心动的漂亮女人，而且非常有钱。"

"原来是这样啊……"吉原若有所悟地点点头，"请问，史织不回员工宿舍的时候是不是就在宫路或者其他客人的住所过夜？"

吉原的提问显然触到了店长的痛处，他只得模棱两可地狡辩道："我们酒店是禁止员工和客人在店外交往的，但无法干涉私人性质的聚会。"

"好吧，先看看他的遗物！"吉原决定暂且不再提问，先打开那个旅行袋，看看史织的遗物再说。

"啊，真是不得了！"当吉原取出旅行袋里的物品时，在场的人都不由自主地发出了惊叹，因为那是一大堆昂贵的金银珠宝首饰。

吉原说："如果这些都是真品的话，那就太厉害了！"

店长补充道："这些虽说是史织君的私人物品，其实都是客人送的礼品。"

"是那个叫宫路淳子的客人给他的吗？"

"大概是吧。当然里面也有其他客人送的礼品。"

"他留下这么多贵重物品，应该还是打算回来的吧？"

"我想是的。"

吉原继续清理旅行袋里的物品。除了金银珠宝首饰，还有一张三百多万日元的存折以及十万日元的现金，再有若干内衣内裤和一张东京都的地图。从存折中存入金额的日期来看，几乎都是他来东京后的存款。

吉原问："史织的月工资是多少？"

店长答："我们是日薪制，他每天的工资是一万三千日元。"

"在你们这个行业也不算高啊。"

"因为他才入店半年只能拿实习工资，最近店里准备给他提升一级。"

"是吗？他一个月的收入才三十万日元，就是全部作存款也不到两百万日元，可他的存款却有三百万日元。"

"我估计那增多的钱款也是客人赠送的。"店长提出了自己的猜测。

旅行袋里没有发现笔记本、日记、信件等物品，只有几十张客人的名片，其中没看到"宫路淳子"的名字。

吉原对店长说："我们要把这些名片带回去研究一下。"

店长连连点头："那就请吧，这些都不是我们酒店的东西。"

2

碑文谷警署的水岛接到了麻布警署的吉原打来的电话，说宗方史织的重要关系人就是宫路淳子，水岛一时愣住了。

"那个在迪斯科遇刺的'伪娘'真是会津人吗？"水岛不由得提高了嗓门。

"是的，宗方史织半年前来东京谋生，在新宿的一家专门招待女客的酒店里打工。你怎么对会津人这么感兴趣？"吉原对水岛的过度反应吃了一惊。

"就在宫路淳子被害的那天夜晚，有人在现场附近捡到了一个会津的民间工艺品，是一只狗从路上叼来给主人的，但很可能是案发那晚掉在地上的。"

“哦，那倒是值得重视的，那个物件真是会津的民间工艺品吗？”

“那是一个上了会津漆的胸针，外面还描着金。”

“啊，这么说越来越像史织的随身物品了，如果那天晚上史织在淳子家作案后逃跑的话……”

“史织也有可能杀害淳子，至少是淳子体内精液的提供者。你知道史织的血型吗？”

“我马上打电话去询问一下。”

吉原当即打了电话，判明史织的血型是分泌型的O型。于是，调查工作打开了新的局面，可以认为淳子和史织有着不正当的男女关系，并且就在案发的那天晚上，史织来到了淳子的家里，两人发生了肉体关系。

如此一来，绿丘公寓发生的杀人事件就和六本木迪斯科舞厅发生的刺杀未遂事件有机地结合起来了，史织无疑是杀害淳子的嫌疑人。如果他是罪犯，又是谁在迪斯科舞厅行刺他呢？曾经一度置身于怀疑圈之外的宫路弘之再度进入了警方的视野，他是宫路淳子的丈夫，具有为妻复仇的可能性。

麻布警署的刑警们为此展开了专题讨论。

有人问：“既然宫路弘之知道了杀妻的罪犯，为什么不向警方举报呢？”

有人问：“宫路弘之是如何知道宗方史织是杀妻罪犯的？如果他不知道，又怎么从妻子的多个情人中独独盯上宗方史织的？”

也有人提出另一种意见：“对宗方史织的刺杀未遂，不也说明和宫路淳子的被杀案未必有关系吗？”

“也许两个案件没有必然关系，但是现已确认淳子和史织在案发前有很深的关系，应该把这两案看作相关的案件。”吉原的主张获得了大多数人的认同。

“假定两个案件是相关的，那么刺杀宗方史织的罪犯具有怎样的犯罪动机？”有人提出了这样的问题，这也成为这场讨论的焦点。

岸对这个问题做了别开生面的回答：“宫路淳子有多少情夫我们不清楚，也许就在史织来到她住所的那个夜晚，正巧有别的情夫进入，那人见宫路淳子和其他男人上床，顿时勃然大怒，立刻动手杀害了她。为了杀人灭口，那个情夫还利用迪斯科舞厅的场合，企图刺杀那晚亲眼目睹绞杀场面的史织。”

岸的推理遭到了别人的质疑，“你的想法很有意思，但不合情理。如果史织目击了那种场面，为什么不直接向警方举报呢？”

“当时史织也是女人打扮，女人和‘女人’在一起，罪犯怎么会勃然大怒呢？”

岸依然不服气：“要是罪犯知道史织是个伪娘，他这样做不就很正常吗？”

“如此说来，罪犯既认识宗方史织，又认识宫路淳子，和他们都有来往。”

“有这样的罪犯也毫不奇怪。”

大家讨论到最后，终于采纳了岸的设想，决定立刻寻找熟悉这两人的第三者。

他们首先想到奥林匹斯酒店的工作人员，他们应该知道史织是个男人。

有人补充道：“除了奥林匹斯酒店的工作人员，那些和宫路淳子一起去那儿寻欢的客人也不能排除，她们同样是可疑之人。”

通常来说，一个女人最初绝不会单独进入那种酒店，多半是随朋友一起去，或者干脆由男友陪着去看个新鲜。所以罪犯有可能是和史织同酒店的竞争对手，也有可能是随宫路淳子一起来店的情夫。

警方决定重新调查奥林匹斯酒店，调查重点不仅是宗方史织，也包括那些和宫路淳子有关联的人。

他们先调查宫路淳子最初是在什么情况下来酒店的。

“我想她最初是和别的男人一起来店的。”店长十分肯定地说道。

吉原强压着心中的激动，继续问道：“你知道那个男人的姓名和住址吗？”

店长摇摇头，“那个男人只是陪着宫路淳子来过一次，所以也没问。”

“以后再也没有来过吗？”

“是的。”

“你听到过宫路淳子叫那个男人的名字吗？”

“我那时没在他们的座位旁边。”

“那时引他们入座的是史织吗？”

“是的。”

“当时还有和史织一起为他们引座的人吗？”

“有是有，不过他现在已经辞职离店了。”

由于店长不知道那个辞职人员的行踪，吉原不得不停止追问那个男人的下落，进而围绕着宫路淳子，打听店里有没有史织的竞争对手。

店长说：“听说来店的客人为史织君争风吃醋的事是有的，而接待员之间没有这样的事。大家都是干这一行的，懂得职业的规矩，对客人也没有这样的热情。”

“你说客人中有争风吃醋的事？”

“只不过在店内争吵而已，客人之间并不知道对方的姓名和住址，我想她们也不会闹到店外去的。”

离开奥林匹斯酒店后，吉原又带人去调查宫路弘之的情况。虽然他不具有犯罪的性格，但是事情都会有例外，如果史织是杀妻的仇人，他绝不会咽下这口气，所以在这次刺杀未遂事件中也不能认定他是清白的。

但是调查的结果让吉原大失所望，宫路弘之在妻子被害的那晚正好和几名学生在学校的研究室里搞科研，而且就住宿在那儿，所以有明确的不在现场的证明。而且他与宗方史织素昧平生，案发前没有什么纠葛。

为了摆脱困局，警方把调查的触角伸到了史织的出生地会津。除了了解他来东京后的人际关系，还要进一步了解他来东京的动机。

史织死亡后，当地警署曾经通知了他的老家。由于当时还不知道他和宫路淳子的不正当关系，只是作为刺杀未遂事件进行了形式上的调查。因此，吉原觉得现在要把重点放在会津方面，那儿可能有杀害宫路淳子的重要线索。

也有人提出反对意见：“会津与史织和宫路淳子没关系，他们是在东京认识的，去会津调查毫无意义。”

吉原解释道：“从形式上来看，两人的关系是在史织到东京后才形成的，但是现在史织已经死了，去他的出生地调查也很正常。我认为，那个罪犯可能在会津就认识史织，到了东京后又搭上了宫路淳子，不能排除罪犯是来自会津的人。”

吉原的主张得到了水岛的支持，进而说服了所有的搜查本部人员。大家一致认为，如果史织案与宫路淳子案有牵连，两案就可能是恶性的连续杀人事件。基于这样的认识，搜查本部决定派人去会津调查与两案有关的线索。

派去会津若松调查的人员是吉原和水岛，这种由两个警署的警官一起合作进行调查的情况非常罕见，充分显示了两个警署加强协同搜查的意识和决心。

两人到了会津若松后，首先向当地警署打了招呼，请求对方的协助。会津若松警署不但表示欢迎，还特意派车提供方便，并由警署的渡部警官担任向导。

此时，会津梅雨刚过，已临初夏，会津盆地犹如一只锅底，热得出奇。

史织的老家在若松市郊外的河东町，是普通的农家，父母已经去世，现由长兄继承家业。家里共有兄弟姐妹六人，史织是老幺，除了一个哥哥，其余都是姐姐。据说他从小穿着姐姐们的旧衣服长大，所以行为举止上都像个女孩子。史织高中毕业后，离开老家去东山的温泉旅馆当“艺人”，再也没有和老家联系过。

史织死后，长兄不肯去领取弟弟的遗体，甚至不愿去警署确认，当警官们来家时，他竟然虎着脸，显出不耐烦的样态。

“你弟弟留下了大约三百万日元的存款和相当数量的金银珠宝，你有什么想法吗？”吉原不动声色地问道。

长兄的脸色顿时变了，慌忙反问道：“这些东西现在属于谁？”

“你弟弟没有妻子也没有孩子，他的遗物可以由兄弟姐妹继承，如果你们有这意向，遗物就属于你们，如果没有意向，遗物就上缴国库了。”

“我们当然要继承的。”长兄肯定地回答。

“既然如此，为什么还坚持不接受他的遗体呢？如果你们还把他当作外人的话，就难以接受遗体和遗物了。”吉原没好气地说道。

“没有那回事，我们当然接受弟弟的遗体。”长兄的脸色和口气完全变了。

警官们兴趣索然地离开了史织的老家，他们觉得这些所谓的亲人太可怕了，长兄喜欢弟弟的遗物甚至超过弟弟本人。

警官们愤愤地上了车，警车立刻驶离了那所并不起眼的农家。

不一会儿，车窗里映显出一尊巨大的伫立着的白玉观音像。

“这是会津新建的观光名胜，每逢节假日游客特别多，还有日新馆也不错，建议大家不妨去看看。”渡部警官热心地介绍道。

“是日新馆吗？”

“是的，日新馆原是会津藩的藩校，就在鹤城的旁边，在戊辰战争中被烧毁了，现在已被整体修复。听说当时的会津藩子弟都在这所学校读书，学校教的是以儒学为中心的文武两道二十八科，那是会津藩精神的据点，要不要顺道去看看？”

在渡部警官的劝说下，两人不由得面面相觑。

“我已经安排好了，你们今晚住在东山的旅馆，所以请务必去看一下。”渡部警官再次诚恳地说道。也许他刚才亲眼目睹了宗方史织长兄的势利，所以试图通过邀请参观来说明会津人的精神绝不是这样的。

吉原感到盛情难却，不得不点头同意，“多谢你的好意，我们就去看看吧。”

没过多久，警车在一座建在小山丘上的宏大建筑群落前面停了下来。那个建筑群落总占地面积为三万八千坪，上面复建了以带有宫殿风格的讲堂为中心的讲释所（大学）、武构（研究所）、素读所（小学）、学生宿所、教室、射箭场、水练场、天文台等一大批建筑，充分展现了古色古香的原貌。

“啊，真了不起！”吉原和水岛不约而同地发出一声感叹。从规模上看，这是一所从小学到大学一贯制的综合大型学校，会津藩的贵族子弟满十岁后，就必须进入这所日新馆，认真学习文武两道和会津藩的精神。

为了改革长期积弊的藩政，五代藩主松平容颂接受了家臣田中玄宰的建议，进行了为期五年的建校工程，于享和三年（一八〇三年）建成了规模宏大的日新馆，其丰富充实的教育内容蜚声海内外，成为当时全日本的三大藩校之一。

参观了日新馆后，他们驱车继续前行，顺路看到一个路标，上面写着“一个人的白虎队”。这个路标引起了大家的兴趣，于是下车进入纪念馆参观。馆内非常幽静，看不到一个参观者，里面展示着相关的遗物和各种历史文书。

走出纪念馆时已近傍晚，后面高耸的盘梯山上笼罩着蓝色的暮霭。

“现在就去东山吧，我已安排了一些知道史织在会津情况的人在那儿恭候你们。”渡部热情地说道。

有了当地警署的协助，调查工作确实顺利多了。

3

在暮霭四起的黄昏，警车由北向南穿行在会津盆地上，很快就沿着清凉的溪岸进入了山里。溪岸上建立了一排排的旅馆，背靠深绿色的大山，氤氲着凉爽的水汽，完全摆脱了盆地炽热的炎暑。

警车在旅馆街中一个颇具古风的旅馆前面停了下来，那些身着古装的服务员殷勤地出来迎客。

“我们先去洗个澡，然后再调查吧。”渡部轻松地说着，就像回到家里一样。众人洗完澡，立即开始了紧张的调查。

艺人音吉穿着盛装盈盈地走进房间。渡部事先并没有向两位警官介绍过音吉的真实情况，所以两人对音吉的高超化妆技术叹为观止。由于音吉马上要去接客赚钱，时间很紧，无法慢慢地询问。

音吉开口就说：“你们也是来问史织的事吗？我已经被人问了很多次了。”

吉原挪动一下身子，“除了我们，还有其他人来向你打听史织的事？”

“是的，前天就有一个东京来的客人向我盘根究底地打听史织。”

“那个客人是个怎样的人？”

“说是史织在东京的朋友，这次是来给他上香的。”

“哦，他说是史织的朋友？长得什么样？”

“具体的我也说不清楚，看起来像是个公司职员，有点一本正经的样子，还说是第一次叫艺人来陪酒的。”

“他向你打听了什么？”

“无非是关于史织的各种事情，他特别关注是什么客人劝说史织去东京的。”

“那个劝说宗方史织去东京的客人真的有吗？”

“当然有的，那个客人说只要史织去了东京，立刻就能拍电影、当明星，所以引起了史织极大的兴趣。”

“那个客人叫什么名字？”吉原觉得这是个意外的收获。

“这个我不知道，你可以去问旅馆的服务台。”

音吉的时间很紧，已经有人叫他去接待客人了。

吉原不得不说道：“今天非常感谢你的配合，我们也许还有不清楚的地方，到时再来向你请教。”

音吉微笑着点点头，仪态万方地起身走出了房间。他虽然容貌平平却身段极好，怎么看都像个曼妙的女人。

4

警方根据音吉提供的情况，向服务台查询了两位客人的相关资料，从客人的住宿登记簿上查到了客人的姓名和住址。水岛和吉原都知道其中的一位客人，不约而同地叫出声来：“宫路弘之！”

“那个家伙居然来到会津，还装出没事人的样子。”吉原轻轻地自语道。

他很清楚，当自己正在了解宫路淳子和宗方史织的关系时，宫路弘之已经从会津回到了东京，但他始终守口如瓶，没对外界提起那次神秘的会津之行。

水岛不解地问道："淳子的丈夫怎么会来这儿打听史织的事呢？"

吉原也感到蹊跷，"是啊，他比我们更早知道史织这个人。宫路弘之在这儿住宿的时候，我们还不知道淳子和史织的关系，他是怎么知道的呢？"

两个人互相看着对方的脸色，探测着这个难解的谜题。

他们通过客人住宿登记簿还查清了另一个客人的来历，他叫辻桥基男，是个自由作家，当时来会津若松旅行采风，旅馆方面似乎给予了特别的关照。

吉原想了一下，说道："那个客人是叫辻桥基男吗？他的名字有所耳闻。"

水岛也有印象："好像在电视台接受过两三次采访。"

吉原终于明白了其中的缘由，辻桥是个颇有名气的作家，既然说史织一到东京就能演电影，史织自然没有不相信的理由。

第九章

1

宫路弘之受到了水岛和吉原的传讯。

"宫路君，我们又见面了。"水岛别有深意地说着，显露出明快的工作作风。

宫路曾经接受过他的调查，但没想到他这次竟然和别的警署警官一起来，似乎有着特别的意味。

宫路惴惴地问道："你们今天找我有什么事？"

“你好像对我们隐瞒了一件事。”水岛的眼中闪着狡黠的光芒。

吉原则一声不吭地坐在旁边，犹如一堵厚墙给对方带来沉重的压力。

“我不知道你说的哪件事？”宫路故作糊涂地反问道。

“据我们所知，你特意去了东山的温泉旅馆，那时我们还不知道尊夫人和宗方史织的关系。你怎么会抢先掌握了我们不知道的信息？”

水岛沉稳地发问，他的锐利眼光像箭一般地直刺对方。吉原站在旁边一改刚才像老农民戴着草帽站在麦田里的木讷样态，两条浓眉倏地聚在了一起。

宫路终于明白了两个警官一起来找他的理由。看来这两位警官是有备而来，现在已经无法隐瞒津村的存在了。于是他坦率地说出了事情的经过。

水岛一边听，一边问:“照你这么说，尊夫人和那个汽车推销员津村也有不正当的男女关系。案发的那晚，津村也正巧去了尊夫人的住所，对吗？”

“是的。”

“津村还在现场的附近和宗方史织‘接触’过？”

“是的。津村从现场得到了会津大名府的参观券票根。我从这事很自然地和史织的出生地联想起来，决定去会津查找有关线索，并在东山的温泉旅馆偶然遇到了那个叫音吉的艺人。”

“你为什么不向警方报告这样重大的信息呢？”吉原插嘴问道。

“对不起，我不知道这条信息的重要性，再说津村也不是杀人罪犯。”

“这样的随意决定是最麻烦的事。你根据津村从现场得到的那张参观券的票根，推测罪犯很可能来自会津，所以就去会津进行调查了。我说得没错吧？”

吉原的话语十分严厉，使宫路感到很大的压力，“对不起，我确实没有及时向警方报告，现在想想，一个人擅自去会津好像也错了。”

看来宫路对自己会津之前是否应该向警方报告还相当困惑。

吉原说：“这次找你谈话还是有成果的，至少知道有个叫津村繁的可疑男子，也知道是有一个神秘的人物劝宗方史织来东京闯荡的。”

宫路解释道：“对不起，我是自己去会津的，但对津村还是有些庇护的心理。”

吉原奇怪地追问：“你为什么要庇护这个和老婆通奸的人呢？”

“我总觉得自己势单力薄，需要两个人的合作才能抓到真正的罪犯，所以就把他当作合作对象。尽管如此，调查的进展还是不快。明明知道是有人劝宗方史织来东京的，但旅馆方面借口要保护客人的隐私，没有向我透露那个人的姓名。”

“寻找罪犯的事就交给我们警察好了，你这样的行动只会招致不必要的麻烦。对了，你好像后来没有去史织的老家调查，是吗？”

“我在东山温泉旅馆碰到了一个男扮女装的艺人，向他打听了史织的事后凉了半截，再也没有心思去他老家打听了，第二天匆匆地参观了白虎队的史迹后就立刻返回东京了。”说到这儿，宫路的头脑里突然鲜明地浮现出古川美保子的秀美形象……

“哎，你对刚才的调查是怎么想的？”水岛在归途中性急地问吉原。

吉原回答：“宫路看来还老实，一问他就说出了津村繁这个可疑人物。”

“现在得赶紧去找津村繁调查。你认为宫路和他是共犯关系吗？”

“这种可能性不能说没有，但说被害人的丈夫和情敌共谋，去杀害自己的妻子和另一个情敌，这在情理上是说不过去的。”

“有道理。即使他俩是同谋，事先也不知道那个情敌。再说津村和史织的‘接触’不是纯属偶然吗？”

“这个偶然只是津村自己说的。不过，说他说谎也未免说得太像了，因为那晚淳子的公寓的确发生了偷盗自行车事件，而且现场附近也有自行车灯碎片，和他说的完全吻合。”

“难道我们不能假设偷自行车逃跑的就是津村自己吗？”

“现在的问题是津村为什么会在那种场合知道史织的存在呢？”

“我们得马上找津村和辻桥调查相关的情况。”

2

津村的供述和宫路说的完全一致。警方原以为在分别调查两人的过程中会出现前后矛盾的地方，谁知他们供述的内容根本找不出破绽。此外，警方还发现津村的车前部保险杠的左侧确实留有擦伤的痕迹，只是现在还无法断定这种伤痕是否就是和那辆偷盗的自行车相撞所造成的。

津村受到了警方严格的调查，但他始终否认自己犯过罪，并且含着泪说：“我要是早点赶到现场的话，也许就能把她救了。这是我的终身遗憾。”

经过调查，津村的血型是分泌型 B 型，不是被害人体内精液的主人。

搜查本部里，有人提出了不同的意见，“虽然精液不是津村的，但他未必不是罪犯，也许出于对情敌的妒忌，愤而杀死了被害人。”

在此情况下，警方无法立刻消除对津村的怀疑，暂持保留态度。接着，他们又把矛头指向另一个可疑人物辻桥基男。

辻桥是个旅游文学作家，经常为旅游杂志和其他杂志撰写游记和采访报道。最近，日本掀起了秘境旅游热，他也上电视台为观众介绍有关秘境的趣闻。

辻桥今年四十五岁，住在东京涩谷区广尾的一栋高雅的公寓里。三年前，他和妻子离了婚，一直过着独身的生活。

警方提出面谈的要求后，辻桥执意指定在赤坂电视台里的一家茶室见面。

虽然不知道面谈的结果，但警方的要求也不高，只不过向他了解劝说史织来东京闯荡的缘由。吉原和水岛决定一起去见辻桥。

他俩在茶室里等了十分钟，辻桥终于出现了。

“对不起，让你们久等了。我刚才在商谈旅游取材的问题，稍微延迟了一点时间，我叫辻桥。”辻桥精神十足地说着，带着春风得意的气势。

寒暄之后，他又露出些许不安的神态，“我还是第一次被警方约见，实在想不出你们要见我的理由，现在也有点紧张哪。”

他虽然没有媒体人的特有气质，但是表情很夸张，似乎在窥探对方的脸色。

吉原不紧不慢地说道：“我们这次来主要向你了解一点情况，作为破案的参考。”

“不知你们要问什么事？只要我知道的一定全力配合。”

“那好，我们就不必绕弯子了。请问，你还记得宗方史织这个名字吗？”

“宗方史织？”辻桥似乎在竭力回想着，脸上没有露出特别的反应。

“你去过会津若松市吗？”

“哦，去年的年末去过那儿，主要是搜集冬天会津温泉的相关材料。”

“那你应该在东山的温泉旅馆见过宗方史织。”

“可是我一点都想不起来了。”

“你在旅馆一定叫过艺人陪酒吧？他是个男扮女装的艺人，长得很漂亮。”

“啊，你说的是他？！”辻桥露出了恍然大悟的表情。

“是呀，你不是劝他来东京闯荡吗？”

“噢，他好像是说叫宗方什么的。我当时酒喝多了，一时记不清了。”

“你们见面后不久他就来东京了，因为你说他可以来东京演电影的。”

“我想不起说过那样的话了，只记得他化妆得太完美了，我完全被他骗了。”

“他是信了你的话才上东京的，难道没来找过你吗？”

“没有，一次都没有。就是找我，我也爱莫能助。”

“他的同事说是你劝他来的。”

“那就麻烦了。我不过是喝酒时说的醉话。他现在怎样了？发生了什么事吗？”

“难道你真的不知道？”吉原逼视着辻桥。

“我确实不知道。”

“宗方史织已于今年的五月二十五日死了。”

“死了？！”

“六本木的迪斯科舞厅在那天发生了照明灯坠落事故，他被坠灯砸死了。”

“啊，我知道那起事故。”

“死难者中还有人被行刺过。”

“是啊，各种媒体都轰动了，他们也是那么说的。”

“那个被行刺的受害者就是宗方史织。”

“真的吗？”辻桥很自然地露出了惊愕的神色。

“我们对与他相关的人员进行了排查，终于发现了一个名叫宫路淳子的女人。”

“宫路淳子？不认识，她是个怎样的女人？”

“那个女人和宗方史织有着不正当的男女关系，但她在宗方史织被人行刺前不久就遇害了。”

“如此说来，她的遇害和宗方史织的被刺事件有关联……”

“我们就是这样想的。”

“没想到他是听了我的劝告来东京的，我实在想不起来自己是否说过这样的话，更没想到他到了东京后会卷入那种事件，看来我多少是有点责任的。”辻桥的脸色少许缓和下来。

“一般来说，在旅馆的酒席上听一个初次见面的客人劝说就直接来东京也太轻率了，也许你是个大作家，说出这样的劝告他就欣然接受了。”

“你说错了，我可不是什么大作家。”

“据说宗方史织来东京后，直接去了新宿的一家酒店。”

“新宿的酒店？”

“就是一家专门接待女性客人的酒店。”

“是吗？像他这种面容姣好的‘女人’当然有优势，那种酒店想必很乐意雇用他，其实他去拍电影也是有机会的，为什么不来找我呢？”

“也许他是想到东京后见到你，但是没法和你联系。”

“哦，说着说着我倒有点想起来了，我好像是对他说过，东京到处是机会，各个剧团都有下属的男扮女装的演员培训班，他要是去那儿学习就好了。”

吉原问：“你给过他名片吗？”他记得在史织的遗物中没有发现辻桥的名片。

“没有。只告诉我的电话号码，没有给他名片。”

通过一番交谈，两个警官没有从辻桥那儿得到任何有价值的信息。他不过是在旅馆叫艺人来陪酒，对史织说了一通醉话而已，警方也无法追究辻桥的责任。

宗方史织到东京后，并没有去麻烦辻桥，这也是辻桥和宗方史织事件没有牵连的有力证据。

宫路弘之和津村繁的那条线索断了之后，搜查工作又回到了原点，“奥林匹斯”酒店的搜查工作也没有取得进展。

碑谷文警署的搜查本部里出现了不同的声音，强烈主张淳子被杀案和宗方史织的行刺未遂案是两个没有任何关系的案子。

3

宫路被调查后受到了不小的打击。

他原来抱着“清者自清”的想法自行其是，但是面见了警官，申诉了自己的理由和行为后回来心里仍不平静，觉得警方仍然没有完全消除对他的怀疑。被牵涉进去的津村也日子难过，目前似乎受到了警方的严密监控。

虽然冒着被警方怀疑的风险去了会津，却没有得到任何有价值的线索，但是宫路觉得会津之行并非徒劳无益，反而有一种充实之感。这“充实”的核心其实就是古川美保子。两人在旅途中不期而遇，古川美保子又长得如此娇秀，体现出一种和当地古迹十分吻合的古典之美，使宫路至今想来依然怦然心动。

古川美保子高雅、大方，像一个高级的公司女职员，但她眉宇间暗现愁云，似乎过得并不幸福。宫路第一次给她打电话时，真切地感到对方带着如泣如诉的语气，觉得她已把自己引为可以交心的好友。宫路至今还心存疑窦：像她这样的美女一人独行实在太奇怪了。

美保子曾说："朋友很忙，没空出来，只能一人独行了。"

宫路才不信她的说辞。再怎么忙，和心爱的美女同行无疑是男士们优先考虑的第一要务。

住在她介绍的若松市内的中央旅馆时，顺便打听到了她的地址。由于不是她亲口说的，现在还不敢轻举妄动。如果贸然造访，一定会使她大吃一惊，况且也没有造访的理由。但是，随着时光的流逝，头脑中的美保子形象越发清晰，使宫路更增添了久久难忘的思念之情。

也许，在美保子的记忆中，对宫路已经没有一点印象吧？宫路奇怪自己为什么会对一个邂逅的年轻女性如此念念不忘呢？"涩谷区广尾 3 — 17 — 8"，这是从旅馆打听到的美保子的地址，宫路鼓起勇气一路寻找，终于找到了那个高级住宅区。那儿地处市中心，环境很好，地势高低起伏，陡坡和缓坡交错，各国的使领馆和古老的寺庙散落在绿色的浓荫之中，入住的居民也都是颇有地位的社会人士。宫路很清楚，除了那些继承父母的富豪子弟，一般的年轻人是无法住在这个高级住宅区的。美保子是个年轻的公司女职员，怎么会住在这儿呢？宫路对此充满着好奇心。她有男友吗？也许有一个富豪的丈夫吧？现在想想先前真是太粗心了，总以为一个年轻的人妻是不可能单独出来旅游的。其实，从她的年龄层来看，即使结婚了也很正常。

宫路走到了美保子住的那幢漂亮的公寓。公寓共有五层，门前有停车场，进入正门是大厅，管理员室就在正门旁边。

宫路向管理员告知了美保子的房号，准备拜访美保子。

管理员道："你说的那个古川美保子不住在这儿。"

“她的地址不是写得明明白白吗？”

管理员看了一眼宫路手中拿着写着住址的纸条，又说：“你写的地址没错，但是那个人不住在这儿。”

“会不会她以前住在这儿，现在又搬走了呢？”

“这儿的居民都很稳定，不会轻易搬家的。这幢公寓竣工后已经使用五年了，一共只搬走三户人家，没有古川美保子这个人。”管理员十分肯定地回答。

宫路感到非常失望，唯一的线索也断了。

就在这时候，有个像是这儿居民的男子从外面走了进来，向管理员打个招呼就直接走向电梯间。

宫路觉得这个男子好像在哪儿见过，一时又想不起来，忍不住向管理员打听道：“对不起，刚才进来的那位先生脸很熟，我好像在哪儿见到过。”

“他叫辻桥基男，是个旅行作家，最近经常上电视台。”

“啊，那位先生就是辻桥基男吗？”

宫路恍然大悟，辻桥是当下风头甚健的人气作家，最近时常耳闻他的大名。难道他就住在这栋公寓楼吗？如果真是这样的话，这儿离各家电视台都很近，地理位置非常优越。

宫路快快地离开了公寓。虽然找到了这儿，却失去了美保子的踪迹。回去的路上，他突然产生了新的想法：“在旅馆登记的住址是美保子胡编的吗？”

转念一想，似又不对。这个胡编的地址在现实是存在的。看来这不像是她临时编出来的，多半是借用了熟人或者朋友的姓名和住址。

难道借用住址的主人和美保子有着某种关系吗？也许这个“关系者”就住在这栋公寓里。想到这儿，宫路的脑海里浮现出辻桥的面容，那种神采飞扬的神态使人感到他最近一定鸿运高照，得意非凡。

如果辻桥是美保子的男友也不奇怪，因为他确实在几年前就离了婚，应该还过着独身的生活，他现在是个大红人，事务的繁多也可想而知，所以无法陪同年轻的女友出去旅游也说得过去。

“不！不！自己只不过和辻桥擦肩而过，怎么能立刻把他和美保子联系起来呢？这也太武断了……”宫路使劲地摇着头，顷刻间否定了刚才的种种想法。

第 十 章

1

已经过了退房的时间，801 客房的客人还没有出来，房门上依然挂着“请勿打扰”的牌子。

“也许客人拿着房卡已经出去了吧？”八楼的客房服务员清川惠子歪着头，一边倾听客房内的动静，一边这样想着。

清川以为客人已经先期离开了，开始试着敲击房门，房内没有应答，打电话进去，依然没人接听。

801 客房是个豪华双人间，房内住着一个名叫“古川美保子”的女客。她虽然没有在住宿登记单上写上男客的姓名，那个男客一定和她住一起的。

“不能再等了，必须马上通知服务台把门打开！”

清川立刻做出了这样的决定。既然敲门、打电话都无回答，说明客人已经不在客房，还是请服务台允许她开门看个究竟吧。

服务台很快同意了清川的请求。因为昨天客人入住时只登记住一个晚上，后来也没提出续住的要求，况且过了退房时间，原住的客人也必须腾出客房。

清川用总钥匙开了房门，谁知里面却挂上了防盗链，只开了一条门缝，人根本无法进入。

清川心里一惊：挂着防盗链，说明客人还在里面。

“房内的客人请注意，现在已经过了退房的时间，请告知今天是否续住。”清川对着门缝大声说道。

从门口看去，睡床位于看不见的死角，窗口挂着厚厚的窗帘，房内一片漆黑。

但是，不管清川怎么叫喊，房内依然毫无声息。

“好像里面的人已经死了！”和清川一起来的服务员北林仲枝发出了一声惊叫。清川也不得不产生了不祥的联想，估计出了大事。

“马上和服务台联系，请他们带切割机来！”清川果断地向北林仲枝说道。

不一会儿，旅馆的前台经理乃木和大堂副理浅山拿着切割机赶到了现场。出于谨慎，两人再次向房内喊话，里面依然没有任何反应。

“就把防盗链割断吧！”乃木当即做出了决定。

浅山拿起切割机一下子割断了防盗链。

当浅山准备进入客房时，乃木叫住了他，“还是让清川和北林先进去看看。”

因为入住的是一位女客，乃木觉得自己和浅山进去有点不方便，还是派两位女服务员先进房侦察一下。

于是，清川走在前面，北林紧随其后，两人战战兢兢地走进了房内，这间豪华双人间呈“L”形，睡床就放在拐弯的空间，从门口无法看到。

“客人！”清川叫了一声，没有应答。

就在门外的前台经理和大堂副经理紧张得咽下口水的时候，突然听到了北林发出的一声惊呼，没等反应过来，她就猛地冲出门外，差点儿把守候在门口的两人撞倒在地上。

“啊，死了！”

就在清川惊恐地尖叫时，乃木和浅山冲进了房内。

床上躺着的古川美保子死了，散乱的长发遮住了半个脸，脸色灰白，露出了痛苦的表情，已经停止了呼吸。

“快去报警！”乃木立刻对浅山大声地命令道。

虽然旅馆方面平时尽量不想请警方或消防队介入旅馆的事务，但是面对这样的情况自己根本无法解决，除了报警无路可走。

2

八月十四日中午，新宿三丁目的猫眼石旅馆发现可疑尸体的消息通过110报警电话传到了新宿警署。

其时，牛尾警官和助手恋塚正在吃午餐，接到命令后，他们急忙撂下饭碗，迅速地赶到了出事的现场。

猫眼石旅馆位于东口，是一家小型旅馆，与西口高大的旅馆建筑群形成了鲜明的对比。旅馆的规模虽小，但房价低廉，地理位置优越，吸引了不少客人。

被害人是昨天晚上九点左右到达旅馆的，根据其本人填写的住宿登记单，客人名叫古川美保子，住址在涩谷区，职业一栏只写了公司职员几个字。虽然写着入住人数两人，但是没写下同住人的姓名。据服务台工作人员回忆，她是第一次来的客人，推断年龄为二十岁左右，是个具有高级公司职员风度的美女。

牛尾问服务台的工作人员：“登记入住人数是两人吗？”言外之意那个同住人去哪儿了。

工作人员回答：“到店登记的时候，只有古川美保子一人，她说另一个人随后就到。所以我们就在住宿登记单上记了一笔。”

“那个同住人后来来了吗？”

“这个我们没注意。同住人往往打电话问了房号就能绕过服务台直接去客房。”

“住宿登记单上为什么没有填写具体的住址和职业？”牛尾不满地发问。

“因为很多客人都不愿暴露自己的隐私。”前台经理惴惴地回答。

这家旅馆似乎采用了和情人旅馆相同的接待登记系统，住宿登记方面还不如情人旅馆严格。它是一家廉租的旅馆，四处都有出入口，甚至从地下的停车场就能直接到达客房。旅馆的前台放置着客房显示屏，客人选中了自己喜欢的客房后，只要押一下键，就能立刻到服务台付钱入住。虽然客房能够预订，但大多数客人都是当天随时来店入住的。

两位警官进入案发的客房进行现场勘查。

被害人的床头上整整齐齐地放着一套由外国著名设计师设计的豪华女式套装，大概是客人穿着这套装束来旅馆的。房内没有留下打斗和做爱的痕迹，所以还不能判断古川美保子究竟是自杀还是他杀。如果是他杀，应该能找到凶手的大致范围。一个年轻女人住在客房里，能够轻易把对方迎入房内的多半是她的熟人。

牛尾觉得至今没有找到那个同住人是个很大的问题。按照常理，一个年轻的女人是不会单独住在双人间的，况且她对服务台的工作人员说过“同住的人随后就到”的话。现在她突然死了，那个应该在场的同住人却神秘地不见了，这无论如何说不过去，其中必有尚不知晓的隐情。

“住宿登记单上写的住址是涩谷区，那怎么找？简直是大海里捞针嘛。”

“上面写的姓名是不是她本人的真名也不清楚。”

牛尾和恋塚一边查看，一边轻轻地低语着。

案发的客房是一个豪华双人间，比标准双人间宽敞一些。房内除了一张双人床，还配置了沙发，其他的设施也很有气派。

旅馆是栋八层楼的建筑，呈南北走向的细长形状。801 客房位于八楼的南端。它的窗开在东面，西面是走廊。隔着走廊，对面排列着双数房号的客房。

牛尾从半开的窗口探出头来，发现右侧是墙面，左侧（背面）的墙面似乎挖去了一大块，成了面积很大的凹陷空间。凹陷的旁边是 803 客房。802 客房是隔着走廊的对面房间。客房和凹陷空间的连接处还有个长十五厘米，宽十厘米的水泥凸出部。

“你说说，这个凹陷空间有什么用处？”牛尾问陪同的前台经理。

“这是发生火灾时的消防员使用的救助口，在房屋设计上也兼有装饰的作用。”

听他这么一说，牛尾注意到窗台边果然贴着“消防员救助口”的纸条。由此来看，那个水泥凸出部应该是消防员的踏脚处。

牛尾又问：“各个客房之间都有这种凹陷空间吗？”

“是的。”

“真是个有趣的设计，这也太浪费了。”牛尾发出了一声感叹。

“由于我们的旅馆有这样独特的设计，有效地保障了各个客房的私密性和消防安全，所以大受客人的欢迎。”前台经理露出了几分得意。

“这样的设计也有重大的缺点，隔壁客房的客人死了，谁都不知道。”牛尾毫不客气地批评道，“发现尸体的时候房门竟然还锁着。”

前台经理辩解道："房门是自动锁定的，防盗链是房内有人特意挂上去的。"

牛尾问："从门外能挂上防盗链吗？"

前台经理肯定地回答："绝对不可能！"

"那么说，如果罪犯在客房的话，他只能从窗口逃跑了。"牛尾说着，又仔细地观察了窗台。刚进来时，窗门正半开着，一个成年人足以侧身逃出窗外，并能很方便地来到左面作为"消防员救助口"的凹陷空间，然后再逃向803客房。

牛尾问："昨晚是谁入住803客房？"

"昨晚803客房是空房。"

"如果是空房，客房的窗户应该是从里面锁着的。"

"空房的窗户都是锁着的。"

"难道没有忘了锁的情况吗？"

"旅馆有规定，客人退房后，客房的服务员就会进房打扫并做仔细的检查，所以您说的那种情况是不存在的。窗户肯定关着，如果有开着的情况我们马上就发现了。窗户关上后，即使没锁定，其他人也无法从外面把窗户打开。"前厅经理明确地解释道。他明白牛尾的意思，如果803客房的客人是共犯，那么当罪犯作案后一定会设法帮助进入凹陷空间的罪犯，并事先打开窗户，让他通过803客房悄悄地溜走。

但是事实上昨晚803客房是空房，窗户始终紧闭着，完全没有这种可能性。

牛尾重新看了看窗户的上下左右，发现右边是建筑物的尽头，根本无法施展手脚，南端虽然安装了安全楼梯，但它位于窗户的死角，除非罪犯是只蜘蛛，否则难以过去。上面是屋顶，有屋檐挡住，下面直到地上都是垂直的墙壁，人也无法下去，除非下面每个楼层的对应客房都开着窗户。

牛尾又问："803 客房的上面是屋顶吧？"

前厅经理胸有成竹地回答："上屋顶的通道平时都关闭上锁的，无关人员无法经过通道上屋顶。"

恋塚插嘴问道："罪犯能用绳梯从这个窗口下去吗？"

他基本认定这是他杀事件，但提出用绳梯直接下去的可能性不大，因为从窗口到地上大约有二十米的高度，下面就是人行通道，根本没有躲避的空间，所以罪犯用绳梯从上面下来是非常引人注目的。

牛尾不同意他的设想："罪犯下到地上后，如何撤除系在窗台的绳梯呢？"

恋塚有些不好意思地点着头，"你说的对，看来罪犯好像没有逃路了。"

牛尾颇有同感："我也觉得这起案子有点怪，左边相邻的 803 客房是空房，罪犯无法开窗通过该房逃脱，右边是光溜溜的墙壁，上面是屋顶，无关人员禁止进入，所以罪犯从屋顶进入客房的可能性也很小。如果罪犯是旅馆内部人员，不可能对初次见面的客人起杀心。再说罪犯也无法直接从窗口跳到地面逃跑。"

恋塚道："现在还无法下结论，还是先搞清死者的身份再说吧。"

于是，两人决定把尸体交由司法解剖。

3

通过司法解剖，警方发现古川美保子已经怀孕三个月了。她的死亡推定时间是十三日晚上十点以后到第二天凌晨。死因是窒息，同时从血液和脑部析离出微量的三氯甲烷。尸体上没有留下外部创伤和死后性交凌辱的痕迹。

根据解剖的结果，搜查的局面顿时变了。一般而言，三氯甲烷作为麻醉药使用，很少用于自杀。虽然有人服该药不到一克的量就死亡，但也有人服了大剂量也不死，因为它没有氰化物以及新农药那样的剧毒性。因此，警方倾向此案是一起凶杀案。怀疑罪犯极有可能先用浸了三氯甲烷药液的手帕捂住了被害人的口鼻，待其失去抵抗力后再用枕头或者被子压住身体，造成窒息死亡。

查清了被害人的死因后，警方认定罪犯为了造成被害人是病死或者自杀的假象，把现场伪装成不能进入的“密室”后偷偷地逃跑了。现场的密室状况足以证明这样的推理。

接着，牛尾和恋塚再度赶到现场对客房进了绵密细致的搜查，但是没有发现三氯甲烷或者其他类似的麻醉药。

牛尾扫视着客房内部，感叹道：“罪犯的作案手段太高明了。”

恋塚看着牛尾的脸色，问道：“你认为罪犯是从哪儿逃走的？”

牛尾仰视着上方，似乎看见了那个躲在暗处的罪犯正在窃笑警方的无能。

由于这个案件极可能是一起凶杀案，新宿警署特意成立了“新宿猫眼石旅馆女性客人死亡搜查本部”，决定从自杀、他杀、事故死亡三个方面同时进行深入调查。警方通过各种媒体向社会广泛报道了这个案件，很快查清了死者的身份。

死者的朋友和邻居看了电视后，纷纷向警方提供了相关的情况。

她叫古川美保子，在旅馆住宿登记时用的是真名。职业是银座六丁目“花门”夜总会的女招待。今年二十四岁，上大学时曾到“花门”夜总会打工，毕业后直接到“花门”夜总会上班，成为正式的女招待，现在已是该店的头牌女招待。

“她是银座‘花门’夜总会的女招待吗？”牛尾恢复了自信，

似乎终于找到了罪犯潜伏的方向。作为搜查的常规做法，他决定首先调查死者的异性关系，认为胎儿的父亲必在其中。

于是，他先去古川美保子工作的夜总会调查，同时派人到猫眼石旅馆提取当晚的住宿客人名单，进行一个不漏的严格调查。

第十一章

1

随意地翻开报纸，宫路惊愕地睁大了眼睛，报上刊登着那个使他难忘的年轻女人的照片。

根据报上的报道，古川美保子横死在新宿的猫眼石旅馆里。至今还不清楚是他杀还是事故死亡，而且还没找到那个神秘的同住者，目前警方正在对此案全力以赴地展开调查。

宫路仔细地看着这则报道，觉得死者的姓名和容貌都没错，她就是自己在会津若松认识的古川美保子，如今却横死在新宿的一家旅馆里。

“她还有一个神秘的同住人吗？”宫路紧咬嘴唇，苦苦地思索着。

在会津相遇时，古川美保子也是孤独地一人出行，在谈话中得知她有一个原先预定一起同行的朋友。宫路想起当时曾和身在东山温泉旅馆的她打过电话，感到她的语调中带有哭音，难道是因为那个同行者的缘故吗?

这一次，同行者竟然成了她的死因，而且神秘地失踪了。

第二天，宫路又在报纸上看到了相关的报道，说警方怀疑是一起凶杀案。

“啊，果然被人杀害的！”宫路低低地呻吟着，好像早就有了这样的预感。

虽然报道没有叙述后续的调查情况，但宫路觉得最可疑的就是那个同行者。

他不由得又想起最近发生的一件事来。就在按美保子胡编的住址拜访她的时候，没想到竟然和辻桥基男擦肩而过。

他很快否定了这种联想。认为把一个偶然相遇的社会名人疑作美保子的同行者是轻率的。这起案子尽管很像凶杀案，但一个不懂专业的老百姓是不能凭想象把无关的人员随意卷进去的。

转念一想，自己也是警方的怀疑对象，处境并不妙。现在对淳子的案件调查还没有取得明显的进展，警方依然没有消除对自己的怀疑。

2

随着牛尾对“花门”夜总会的调查不断深入，有关古川美保子的生活方式和生活环境渐渐地浮出了水面。“花门”是一家创业三十年的老店，拥有各阶层的不少稳定客户，甚至有一些不大来银座玩乐的政治家也偷偷地来店消遣。光凭这一点，美保子就受到了很多人的青睐。她有不少有名的熟客，同时也给警方的调查带来了重重的困难。她的重要客人大多不会公开地张扬，往往乔装打扮后进入夜总会，和她保持着十分隐匿的关系。

面对警方的询问，美保子的同事们纷纷提出了自己的看法。

“美保子很乖巧，谁都不得罪。但她心里有自己的防线，谁都进不去。”

“她好像没有关系特别亲密的男友，没有见谁去过她家。”

“她肯定有男朋友，只是没有现身而已。她好像是风筝，被一只无形的手牵着绳索的一端。所以她非常珍惜自己的私人时间，休息天从不参加店里组织的员工旅游，一定是和男友待在一起的。”

“她最近的脸色很难看，好像有什么心事。外面传说她失恋了。”

……

警方综合了众人的意见，推断美保子有个秘密的男友，最近两人发生了一点感情纠葛，也许她由此产生了自杀的念头。

但是，随着调查的深入，警方并没有在“花门”夜总会的来客中发现和美保子特别亲密的男人。虽然有几个人非常喜欢美保子，但都没有超出客人和女招待的关系。其他客人大多只满足于叫她陪酒吃饭，没有提出过分的要求。

警方搜索了美保子的住所。她的遗物中没有发现男友留下的痕迹。虽然有一个名片夹，里面塞满了各种客人的名片，但名片的主人都是些政界财界的大佬、有名的演员以及重量级的体育明星和知名的文化人。这些人职业各不相同，又来自四面八方，要一个一个地查清他们的情况无疑要耗费巨大的心血。

接着，又仔细检查了名片之外的记事本、旧信件和照相簿等物品，也没有新的发现。与小巧的住房相比，美保子拥有大量的名牌衣服，共有两百多套。还有大量的珠宝和金银首饰，堆起来像小山一样，估计大部分都是客人赠送的。

美保子留下的现金和存款却很少。存折上有二百万日元的存款，身边的现金只有十万日元左右，也许她把大部分的钱都用于买衣服和化妆品了。从存款上来看，她并不富裕，似乎没有得到男友的资助。

根据搜查令的要求，牛尾和恋塚毫不留情地深入这个年轻女性的个人生活领域，让一切私密的地方暴露无遗，真是个残酷的作业。

“啊，你来看这是什么？”正在搜查化妆台抽屉的恋塚突然叫出声来。

牛尾问：“发现什么了？”

“怎么会有这种东西！”恋塚说着从抽屉里拿出一个小盒子。

牛尾过去一看，发现盒子里装的是女性用的避孕套，其中已用去了三分之一。

这样的发现并没有引起牛尾很大的兴趣，因为这不能说明是美保子专为那个神秘男友使用的。

美保子的住宅搜查工作结束了，除了那盒避孕套，没有其他有价值的收获。

3

新宿警署的搜查本部召开了第一次搜查会议。首先由调查旅馆的小组负责人报告情况。他说：“经过调查，没有发现猫眼石旅馆的工作人员和死者之间有任何关系，死者是当天未经预订，第一次入住那家旅馆的，旅馆人员根本无法预测死者会入住旅馆。而且上屋顶的通道长期锁闭不开，案发后也没有发现当天有人上屋顶留下的痕迹，所以排除了旅馆人员作案的可能性。”

接着发言的是负责调查住宿客人的小组负责人。他说：“据调查，旅馆共有八十二间客房，当天入住的客房是四十九间。我们查阅了当天的住宿登记单，其中有二十七间客房的客人采用化名和编造的住址登记入住，客人中大多是专业的卖春人士和喜欢隐姓埋名的露水夫妻。剩下的二十二间客房里的三十七位客人都是身份明确地登记入住的。他们都和死者毫无关系。我们特意制作了确认后的客人和未明客人的房号明细表供大家参考。”

搜查队长问道：“你们统计的客人数是奇数。包括单身客吗？”

因为古川美保子是以两个人名义登记的，可能被排除出单身客的范围。

小组负责人回答："我们已经查过了。当晚的单身客共有七人，都是商务客人和乘末班电车很晚入住的客人。"

接着，负责调查美保子住所的牛尾做了汇报："我们在死者的遗物中共找到三百二十八张名片，都是三四年前的老名片，又查看了照相簿、记事本和信件，没有发现那个和死者特别亲密的男友。不过，我们在化妆台的抽屉里发现了死者刚用过的一盒女性避孕套，但不能断定这盒避孕套是专门用于那个男友的。此外，我们还从冰箱里发现案发前几天从超市里买来的蔬菜和牛奶，从这一点来看，认为死者自杀是很难成立的。接下来我谈一谈客房搜查的情况。案发时客房内挂上了防盗链，这从外面是无法挂上的，所以我们怀疑罪犯是从窗口逃跑的。就如先前已经报告的那样，上旅馆屋顶的通道一直锁闭着，罪犯不可能爬上屋顶逃脱。尽管罪犯也有可能利用绳梯从窗口下滑到地面，但据我们现场勘查，罪犯逃跑时不可能从容地撤除绳梯。我们也设想罪犯可能利用短的绳梯下到中间楼层的客房逃跑。但据调查，801 客房以下的 601、401 客房当晚都是空房，窗户都锁闭着，罪犯无法进入。201 客房的客人身份也查明了，他和死者没有任何关系。我通过窗户还察看了外面的情况，右面（南侧）是无法踏脚的垂直墙壁，罪犯不可能下去，左面（北侧）是消防员的救助口。一般情况下，罪犯可通过救助口转移到隔壁的 803 客房，但是当晚 803 客房是空房，罪犯不可能开窗而入，所以 801 客房在案发的当晚完全处于与外界隔绝的密室状态。"

搜查队长疑惑地问道："801 客房楼下的 601、401、201 客房的情况我们都知道了，怎么不说 701、501、301 客房，即奇数楼层的客房情况？"

牛尾一边画示意图，一边解释："这座旅馆的设计很特别，为了保障客人的安全性，私密性，兼顾外墙的装饰性，各个房客之间都有消防员救助口，即凹陷空间。而且各个楼层的客房和救助口都是错位设计的，所以奇数楼层的客房和偶数楼层的客房都不在同一个位置。"

搜查队长叹道："这样的设计也太浪费了！"

牛尾笑道："没办法，客房的私密性和安全性就是这家旅馆的卖点。"

搜查队长又问："就如从 801 客房通过消防员救助口可以走到 803 客房那样，如果罪犯能用绳梯下到三楼，岂不可以逃入 701、501 客房逃走吗？"他的话提示了另一种可能性。

牛尾回答："我们也考虑过这个问题。但是经过调查，当时的 701 和 501 客房都是空房，罪犯不可能逃入那两间客房。此外，如果罪犯要从五楼以下的楼层逃脱，就无法撤除绳梯。即使想按照登山的岩壁攀登要领使用绳索也没有可固定的地方，有了固定的地方也无法撤除绳索。如果想在墙壁上打入螺栓，安上登山串绳用的钢圈再使用绳索那也不可能，一则费时费力，容易暴露，再则墙壁还会留下螺栓。我仔细观察了现场外面的墙壁，上面并没有留下螺栓。除了上述的问题，我还认为 801 客房离地面有将近二十米的高度，如果采用绳索下滑是很危险的，而且容易被人发现。旅馆客房的窗户面临东面的马路，即使在深夜也有不少人在马路上经过，所以罪犯不可能冒着多重危险轻易逃离现场。"

牛尾全盘否定了从窗口逃脱的路径。

于是，新宿猫眼石旅馆的女客横死案依然处于无法破案的胶着状态。

第十二章

1

此后的报道再也没有提及古川美保子的横死事件，媒体对此选择了沉默。

不知是搜查机关对媒体报道采取了管制措施，还是警方的搜查工作没有取得明显的进展，社会上对此议论纷纷。二、三期的《周刊杂志》虽然出了名谓“旅馆横死的银座夜总会女招待爱欲关系图”的特集，但没有实质性的内容，只是凭臆测零零星星地提出美保子和一些名人的所谓暧昧关系。警方对案情始终没有表态，似乎还没有找到那个神秘男子，一时难以做出美保子自杀、他杀或者事故死亡的定论。只有宫路是清醒的，他认为美保子不可能是自杀或者事故死亡的。

如果她真有自杀的念头，在一人去会津旅游的时候就能做了断了。就是旅行后发生了重大的问题要寻死的话，也不必去新宿的情人旅馆一人自杀，这也太不可理喻了。

宫路决定去新宿的那家旅馆看看，因为美保子是他为之心动的女人，自己也不明白为什么会对她产生了莫名的好感。

新宿的猫眼石旅馆在新宿御苑的北侧，位于新宿三丁目繁华街道的一角。宫路一看到旅馆的外貌，立刻唤起了心中的记忆，“这不是和美保子介绍的会津若松的旅馆一个样式吗？”他站在旅馆的前面，久久地凝视着这座造型奇特的建筑。

旅馆的客房之间相隔着消防员救助口，在设计上确保了客人的安全性和私密性。不过，这栋建筑的外观虽然显得宽宏大气，但也给人留下了“泥足巨人”般的脆弱感觉。这座同会津中央旅馆样式相同的建筑在东京算不上奇特，也许是同一个建筑师设计的吧。

美保子却死在相同样式的旅馆里，能简单地认为纯属偶然吗？如果其中有什么必然性，那又是什么呢？警方会注意到这样的巧合吗？

宫路在旅馆前面仔细地观察后，慢慢地走进了旅馆。此时正是下午的两三点，大堂里没有一个客人。这家旅馆和西口林立的超高层旅馆完全不同，虽然入住的客人很多，白天却异常的清闲。大堂服务台旁边的墙壁上高挂着客房显示屏，凡是已经入住的客房都灭了指示灯。

一般而言，客人只要在标示的客房里按下自己中意的客房号码键，那间客房的指示灯就立刻熄灭了。客人只要去服务台付了钱就能轻松地入住。

现在，从客房显示屏上看去，连片的客房都是空房。

最高层的楼区只有 801 客房灭了灯。虽然媒体只报道美保子死在旅馆的八楼，但宫路一眼就猜中了这个房号。他慢慢地踱到服务台，装模作样地问道：“我很喜欢最高层南边的 801 客房，但是现在好像有人了。是吗？”

服务台的服务员忙赔着笑脸，“啊，对不起，那间客房刚发生了故障，正在维修。你看看 701 或 601 客房怎样？”

宫路知道这两间客房都是双人间，虽然服务员没有多加解释，大多数的客人应该都会同意服务员的建议。

想到这儿，宫路有了主意。他说：“我看中的是 801 客房，既然发生了故障就去 803 客房吧。”

宫路在服务台付了钱，拿了房钥匙。由于没有预订，旅馆方面也没派人引导他进入客房。

他用钥匙开了房门。房门是电子锁自动上锁的，房门内还配了牢固的防盗链，显得非常安全。

客房的面积也很大，房内各类设施齐全。浴室、卫生间自成单元，巧妙地组合在一起。大床的旁边放着一张小桌，上面装着控制板，客人一边睡觉，一边可以随意地控制和调节房内的灯光、空调、电视机、收音机以及窗帘的开关。宛如坐在一辆小型且性能优良的轿车内。

打开窗户锁就能开窗，但不能全开，只能开到人侧身通过的程度。

窗框上贴着“消防员救助口”的纸条，和会津的中央旅馆完全相同。

窗户下面隔着二十米的距离就是新宿大街。如果冒险爬出窗户就能通过“消防员救助口”把自己转移到其他的地方。

由于旅馆设置了这种确保客人安全性的“消防员救助口”，客人在紧急时就能打开窗户，在“救助口”的帮助下进入别的客房。

罪犯也许并不是个善于攀爬的杂技演员，但他在客房内作案后，为了逃命也会冒险一试的。宫路这样想着，估计警方在搜查中也会考虑到这种可能性。但他们未必会注意到这儿和会津的那座旅馆是样式完全相同的建筑，误以为这儿只不过是偶然出现的奇特建筑而已。

2

警方在美保子横死的猫眼石旅馆进行了严密的“现场勘查”，她的男友虽然渐渐地浮出水面，却依然没有找到他神秘的行踪。

“也许去郡上八幡就能找到他了。”宫路的头脑里突然想起了那座陌生小城的景致，进而又和会津若松的风景重叠起来，他记得那座小城的中心就是凌霜队的纪念碑。

美保子说过，她是知道郡上八幡的凌霜队的事迹后才特意从东京赶到会津来的。同时还暗示了此行还有同行者。宫路看了介绍那儿景观的旅游指南，知道那座小城只有四五家旅馆，如果去那儿打听也许能获悉美保子当时的情况。

美保子是今年春天去的，旅馆里应该还留存着那时的住宿登记，不可能没留下一点痕迹。

暑假结束后，学生们又返回学校了，宫路于九月份去了郡上八幡。他先乘新干线列车到达名古屋，然后换乘高山本线列车到美浓太田，再换乘越美南线、长良川铁路的列车继续前行。从美浓太田出发后，花了一个多小时的车程就到达了位于山峡边沿的偏僻小城。

宫路在“郡上八幡”车站下了车，站在车站前面凝视片刻。不知为什么，车站前面没有商店街，甚至没有接客的出租车。宫路原以为这儿是颇有名气的小城，应该还是比较热闹的，没想到竟然一片荒凉。

车站附近有一间挂着“问讯处”招牌的小屋，宫路过去一看，那儿也空无一人。他打开地图查看，发现车站离市中心还有相当远的路程。

宫路好容易找到了写着出租车招呼点招牌的地方，打了一个公用电话，很快就来了一辆出租车。

宫路先向出租车司机打听：“假如这儿来了一对青年男女，他们喜欢住的旅馆会在什么地方？”

司机很干脆地回答：“城山的山脚下有一座古旧的旅馆，如果他们喜欢安静的环境，可以去那儿住宿。”

“这儿一共有几家旅馆？”

“大约有二十家吧。”

“这么多啊。”

“这不算多，到了夏天还不够用呢。”

“真有那么热闹吗？”

“全国各地有大批的旅客专程过来跳舞。每年的七月上旬到九月，整整三十二天从晚上跳到天亮，这是郡上八幡的特色。现在跳舞季已过，所以城里很冷清。”

“照你这么说，也许很多游客是看了电视报道后才慕名而来的，跳舞真的是这座小城的特色吗？”

“那当然，要是您能早点来就好了。错过跳舞季真是太可惜了。”

“那可不行，要是跳舞季来的话也许连住的地方都没有了。”

“您说的是。现在城里哪一家的旅馆都很空。好像都是为跳舞季准备的。”

宫路叹了一口气，“哦，有二十家旅馆，就是去寻找也找不过来呀。”

“您在寻找什么？”司机通过后望镜看着宫路的脸。

“今年春天，有个女人应该和她的男友来过这座小城。我在寻找他们经过的旅馆。”宫路拿出一张从报上剪下的美保子照片给司机看。他觉得这儿地方小，出租车的数量也有限，也许这位司机会想起他们曾乘过这辆出租车的事来。

“先生是警察吗？”司机露出了警戒的神色。

“我不是，大概你觉得我有点像吧？”

“是有点像……”

“我是私家侦探，现在正在寻找和那个女人谈恋爱的男子。”宫路觉得自己从小就对私家侦探这个职业有兴趣，临时冒充一下也没关系。

“噢，您是在做绯闻调查呀。”司机随意地猜测着，露出了诡谲的笑容。突然，他摇了摇头，问道："哎呀，我把最重要的事忘了，先生要去哪里啊？"

此时，出租车已驶入市区，那些低矮的、带有古旧风貌的房屋鳞次栉比地排列着。宫路突然想起美保子从会津若松的城市宾馆去东山温泉旅馆的事来。于是问道："小城里有宾馆吗？"

司机回答："我们这儿没有纯粹的宾馆，但有像宾馆那样的地方。"

"那个地方在哪儿？"

"您要先去那儿吗？"

"不，今晚就住日式旅馆，明天再考虑住宾馆。"

"你准备在郡上待几天吗？"

"我想待上两三天就够了。"

"这儿地方很小，住两天就能看个遍。如果您明天要去郡上观光的话，我可来接你。"司机机敏地兜起生意来。

"好的，到时我打电话通知你，请把你的名片给我。"

宫路拿了司机名片，又听他讲了宾馆的名称。

出租车驶过了一座红色的大桥，在一座古朴的木建筑旅馆门前停了下来。

这时候，即将沉落西山的夕阳投来一抹斜射的阳光，给倚着山峡的小城带来苍茫的暮色，更显得风景如画，宁静幽远……

3

宫路在郡上的第一夜是在当地的老旅馆吉田屋度过的。他对那儿的感觉和饭菜质量都十分满意，但是调查的计划还是落空了。旅馆的老板看了看宫路出示的美保子照片后，很干脆地回答："这个客人没有住过这儿。"听他的口气，似乎还不知道这是东京新宿发生的一起杀人事件的被害者照片。

老板又说:“这位客人长得如此美貌，如果真的来过，我照理是不会忘记的。”说到这儿，他突然想起了什么，补充道:“离这儿不远还有一家和我们差不多的老旅馆，不妨去那儿找找看。我们两家关系很好，客满的时候往往会互相调剂。”

宫路有些失望，不得不抱着“说不定明天还有希望”的想法就寝了。

第二天早晨，宫路决定先去登城山。虽然想尽早去司机告知的旅馆打听情况，但考虑到凌霜队的遗迹和美保子男友的行踪，觉得还是先登山为宜。为了争取时间，他打电话给昨日的出租车司机，通知他开车陪同前往。

郡上八幡是一座小城，位于长川和吉田川交汇的小盆地上。城中通水路，当地的居民取两川之水作为生活用水。

所谓的城山，是吉田川北岸的一个略微高耸的丘陵，山顶上有一座三层楼的城楼天守阁。虽然开车过去只有几分钟的车程，但步行可能要花相当长的时间。

城楼前面有一家茶室，站在那儿可将郡上八幡的全景尽收眼底。这是一座比会津若松还小的小城，被大山封闭的狭小平地上挤满了低矮古旧的建筑，还有一些房屋延伸到大山的腹地，除了寺庙高耸的屋顶，几乎没有高大的建筑。

“我们这座城市规模虽小，寺庙却很多。”那个司机下车后热心地介绍道。

凌霜队的纪念碑就在城山后面的广场上。屏风形的石碑上镌刻着朝比奈茂等三十九名队员和六名头目的名字，碑名的旁边刻着凌霜队的事迹。纪念碑前供奉着鲜花，表明当地的居民对那些为藩牺牲的队员充满着崇敬之意。

宫路站在纪念碑前，心想美保子一定是见了这块石碑后才萌生了去会津若松参观的念头吧。

“真想去若松追寻凌霜队的后代。”

“好主意！”

“请带我一起去看看。”

“好的，我们一起去！”

“我想尽快去！”

“只要决定了，很快就能去！”

此时，他似乎听到了美保子和那个神秘男友的对话。

宫路拿了一束在茶馆买的鲜花，恭敬地向纪念碑献花，然后乘上出租车，直接驶向那个既定目标的旅馆。

跳舞季结束后，小城又恢复了原来的宁静。出租车驶过宫路昨夜住宿的旅馆，拐了一个弯，就到了另一家老旅馆。那是木结构的一层建筑，有着日本式的庭园，呈现出自然的风貌和生活的情趣。

一个站在旅馆大门口的中年妇女迎了上来，像是迎客入住的服务员。

宫路决定先向她打听情况。

那个中年妇女看了看宫路递上的照片，轻轻地“啊”了一声。

宫路趁机问道：“她来你们旅馆住过，对吗？”

中年妇女回答：“这个人很脸熟，好像是今年的四月中旬来过，但是没有住宿。”

看着宫路疑惑的眼光，她又解释道：“她是进过我们的客房，但很快又退出来，说要一间能上锁的，带有浴室和卫生间的客房。我们是传统的老式旅馆，没有这样的客房，只能介绍她去住扇屋旅馆了。”

宫路心想美保子要一间能保障私密性的客房，估计是和男友一起住的。接着又问：“扇屋旅馆在哪儿？”

“过了我们旅馆前面的那座新桥，经过市政府，直接朝火车站方向走去，旅馆就在半路上。路很近，只要花五六分钟就到了。”中年妇女很爽直地回答，显露出一种百年老店的优越感，似乎来客住不住都无所谓。

于是，宫路按照那个中年妇女说的路线向前走，很快就来到了昨天从火车站乘出租车经过的大马路，这儿据说是当地最热闹的地方，但在宫路的眼中不过是一条普通的商店街。

扇屋旅馆就在那条街上，它是这座小城里为数不多的几家带有西式宾馆风格的旅馆之一。宫路走进旅馆，但见里面规模虽小，却颇具样式，既有大堂，也有服务台，只是没有客人。宫路站在服务台前招呼了一声，一个面目姣好的中年妇女迎了上来。

宫路问:“有空房吗？”

中午妇女反问:“是先生一个人吗？”

“是的。”

中年妇女笑答:“今晚好房间多的是。”

“是吗,那太好了。”

“我们这儿的每间客房都能清晰地观看全城的景致,客人都喜欢住这儿。”

“能看到城楼吗？”宫路又问了一句。

“当然看得到。”

宫路趁机拿出从报上剪下的美保子照片,问道:“今年四月初,这张照片上的女人应该由备前屋旅馆介绍到你们这儿住过,你还记得吗？”

中年妇女仔细地看着照片,明确地回答:“是啊,我记得。她确实来我们这儿住过,是备前屋旅馆介绍的。”

“她来的时候有个男性同行者对吗？”宫路好容易抓了这个难得的机会。

“你说的是这个客人吗？”果然不出所料,那个原先还笑脸相迎的中年妇女突然露出了警惕的神色。

宫路赶紧编造了一个谎言应付："说实话，这个女人是我的妻子，她在今年春天突然和一个男子失踪了。我怕她会出什么意外，所以特意赶来打听情况。"

"意外情况？！"这个中年妇女倏地变了脸色。

宫路暗自庆幸自己的机敏，他知道旅馆的服务台人员都很精，如果不用这样的谎言吓唬，她是绝不会轻易透露真实情况的。

宫路继续胡编下去，"我一直很担心，说不定她已经死在什么地方了。我向警察提出帮助搜索的请求，但到现在还没接到'已经找到了'的通知。"

中年妇女沉吟了半晌，终于开口道："我没有看到你说的那种情况，只看到她参观城山和市内景观后非常高兴，对我说：'我是特意来参拜凌霜队纪念碑的，接下来还想去会津看看。'"

"没错，这种话只有我妻子才说得出来。她是白虎队的崇拜者，应该对凌霜队也抱有很大的兴趣。她有没有说最后两人去什么地方呢？"宫路故意把问题引向两个人。

"因为是从高山方向过来的，所以她说随后准备回东京去。"

"噢，他们的行踪有点捉摸不透。我妻子的真名叫古川美保子，她登记时有没有用化名？"

"那得看当时的住宿登记单，好像是那个女人填写的。"

"能否让我查一查那张住宿登记单，看她用了什么化名？"

"请您稍等一下！"

那个中年妇女说着就走进服务台里面的房间。没过一会儿，她拿着一沓略显陈旧的住所登记单出来，放在台面上，哗啦哗啦地翻着，从中抽出一张住宿登记单对宫路说道："这个客人确实在四月七日住 801 客房。"

宫路若无其事地接过那张住宿登记单仔细地看了看，果然是美保子的娟秀字迹。上面这样写着："桧川昭、妻美保子、东京都涩谷区广尾三——十七一八广尾楼，公司职员。"

宫路问："上面写的美保子是我妻子的真名，男的是不是真名就不知道了。那个男的给你的感觉是怎样的？"

"啊？你不认识吗？"

"我们从没有见过面。是我妻子瞒着我偷偷地和他相好的，所以到现在还不知道他的真实身份。"

中年妇女同情地看着宫路，说道："那个男的是个年轻人，大概有二十多岁吧，好像大学毕业后才工作了两三年的样子。他身材细长，皮肤微黑，长得很帅。"

"我妻子就喜欢这样的男人。噢，对了，从住宿登记单来看，他们好像在这儿住了一个晚上。"

"那个女客人原本还想住一个晚上，但是那个先生已经没有兴趣了。郡上那时已过了跳舞季，只有时间宽裕的人才会来这儿，如果想慢慢看的话，总有一些好看的景致。"

宫路听了中年妇女的讲述，心里暗自高兴。终于找到了美保子男友的线索。

住宿登记单是美保子填写的，估计那个男友的名字和住址都是真实的。正因为在东京有这个住址，她才会在会津若松的旅馆里毫不犹豫地写下来。

宫路很清楚，警方应该到现在还不知道此事。因为她和男友一起去郡上八幡的事是美保子在会津亲口告诉他的。

4

宫路没想到这么快就获得了美保子男友的信息，觉得没有必要再在郡上八幡逗留了。他决定下午悠闲地逛逛街景，第二天就返回东京。就如出租车司机和旅馆服务台的女人说的那样，如果没有特别的目的，在这座小城逛一天就足够了。

遥想当年，那个年轻的藩主虽然身系本藩的兴亡，却带着一帮年轻的下属去遥远的会津参加毫无胜算的战争，失败之后他们作为罪人被中央政府长期监禁起来，过着骨肉分离的痛苦生活。

明治三年二月十九日，他们这批人终于解放了，但不得不离开郡上，因为政府不允许他们返回自己的故乡。

抚今思昔，物是人非。虽然这座看似安稳的山间小城在大山的包围下长期默默无闻，但是当地居民久蓄的怨恨依然存在，也许还会在某种特定的场合发生大爆发。在普通的旅游者眼里，小城里留下的只不过是些陈年古迹，当他们知道这些历史的由来之后，也许会击节感叹，为当地的悲凉历史和不息的民怨所震惊。

当晚，宫路从旅馆的窗口遥望着吉田川的对岸。那城楼在灯光的照耀下，白晃晃地耸立着。宫路突然感到了森森的鬼气，心想如果现在来到城楼下面，也许会看到那些不见天日的亡灵正在城内或者那个广场里聚集开会吧？

转念一想，又有了新的发现。美保子和她的同行者想必也会从宾馆的窗口看到这样的情景，不知那时她有怎样的感慨？可惜现在她已经不在人世了。

第十三章

1

警方对新宿猫眼石旅馆发生的女客横死事件进行了深入的调查，由于种种原因，搜查工作一直面临着重重困难。

虽然大多数人都倾向“犯罪致死”的意见，但只要不解开现场的“密室”的秘密，依然无法舍弃“自杀、事故死、病死”的观点。

不过，牛尾一直坚持自己的意见，认为一定是罪犯作案后采用某种方法巧妙地逃脱了。至于现场的“密室”状况，只是罪犯为了隐蔽犯罪，伪装被害人自杀或病死而设下的圈套。

现在还不清楚罪犯的逃脱方法。从现场来看，罪犯唯一的逃脱口是窗户，而且绝对需要绳索或者绳梯的帮助才能逃脱。但是使用绳索或绳梯都必须要有能固定的支点，逃脱后还能将其回收。这是形成“密室”作案的首要前提。

牛尾和恋塚通过现场的搜查，根本没有发现固定的支点和固定的器具，连逃脱的绳索都没有找到。牛尾特意做了一个实验，试图用绳子或铁丝从外面给房内挂上防盗链，结果证明是完全不可能的，并认为如果能很简单地做到的话，罪犯制造的“密室”状态就失去了意义。

至此，密室仍然处于封闭的状态，那个神秘的男友还是杳无踪迹。经过调查，已有几名和美保子关系密切的男子浮出水面，但他们都能证明自己当夜不在现场。这些人还一致认为美保子守身如玉，外人根本无法得逞。他们说:“美保子能陪餐、陪酒，绝不肯上床，她的背后一定有个能左右她的男人。”

2

宫路弘之从郡上八幡返回东京后，准备向警方报告自己发现美保子的同行者的行踪。但到了付诸行动时，他又开始犹豫了。如果去了警署，警察势必会详细地询问他和美保子的关系，还可能从他去郡上八幡的理由进一步分析他的内心秘密。

转念一想，又觉得于心不甘，这样保持沉默实在太痛苦了。经过反复的考虑，他决定先向见过面的水岛警官报告此事。因为水岛不是管辖警署的警官，也不必对他提及自己去会津的理由。

由于淳子的被害，水岛一直在怀疑宫路，直到现在都没有完全消除。尽管如此，宫路对他一心想追捕罪犯的劲头还是抱有很大的好感。

水岛饶有兴趣地听着宫路报告的情况。

“听你这么说，那个和美保子一起去郡上八幡的同行者就是美保子横死在宾馆时的神秘男友啰？”水岛谨慎地确认道。

“我现在还无法断定，只觉得这种可能性很大。他是和美保子一起出去旅游的伴侣，两人一定有着特殊的关系。不过，我又觉得这个人很怪。美保子出事了，他根本不着急，也没有报告警察去搜查，甚至到现在也不露面。”

“嗯，你说的对，他这样做是有点不近人情。你放心好了，我会尽快把发现的情况转告新宿警署的。”水岛一口答应了宫路的请求，接着又问，“以后有其他警署负责的案件线索也可以告诉我。有关尊夫人的男友之事也是个谜，你有没有新的线索？”

宫路尴尬地挠着头皮，“我是个不称职的丈夫，对这事还是不清楚。”

水岛安慰道：“我不是说你不好，只是希望你注意那些我们搜查不到的地方和线索，暗中配合我们。”

宫路问：“淳子的案件有没有新的进展？”

水岛回答：“现在正在继续搜查，从尊夫人和宗方史织的关系这条线来看，目前还没有取得新的成果。警署里不少人认为尊夫人的事件和宗方史织的案件根本是两个不同的案件。”

“水岛警官是怎么想的呢？”

“我始终认为这两个案件有关联，所以也一直把你列入怀疑对象的名单里。”

“我也认为这两个案件是有关联的。”

水岛苦笑道：“现在只能看调查的情况再说吧。”

3

送走宫路后，水岛对他报告的信息进行了分析，觉得宫路虽然是个不懂侦探的普通老百姓，但善于找到问题的关键。在旅游地邂逅了一个女人，通过她的片言碎语了解到她上次旅游的地方，接着又察觉到她有个同行者，并推测那人有可能是她横死在旅馆时的神秘男友。宫路的作为真使职业的刑警们感到脸红，而且提供的信息也有很高的可信度。美保子在外地旅馆的住宿登记单上这样写道：“桧川昭、妻美保子、涩谷区广尾三—— 十七一八广尾楼”。看来她当时的心情还不错，所以用化名的可能性不大。如果真的要用，就不会写上自己的真名。

水岛准备把宫路提供的信息转发到新宿警署，于是开始整理刚才和宫路的谈话记录，他和新宿警署的牛尾警官是相熟的老朋友。

当他重新阅读那份谈话记录时，突然瞪大了眼睛，发出了“啊”的一声。刚才宫路讲述美保子填写住址的时候，并没有引起他多大的注意，而看到文字记录时，心里才有了异常的触动，觉得这个住址很熟悉，好像在哪儿听到过。

“我记得是有这个住址。”水岛自言自语地说道。

这个住址似乎和某个案件有关，是最近刚听到的。突然，他的头脑里灵光一闪，忍不住大声叫道：“对了，过桥基男也是这个住址！”

石原闻声走进办公室，惊诧地问道：“你在叫什么？什么‘也是这个住址？’”

“是辻桥基男的住址，我终于想起来了！”

“辻桥基男……”石原一时愣住了，他实在跟不上水岛跳跃的思维。

水岛解释道：“我曾经去宗方史织的出生地会津调查过，知道了辻桥基男这个人。他是个旅行作家，曾经劝说史织来东京闯荡。”

“噢，听你这么一说，我也想起来了。辻桥基男怎么啦？”

“这家伙和新宿旅馆横死女人的男友住址是完全相同的。”水岛把刚才宫路提供的信息告诉了石原。

石原笑道：“这种偶然性太有意思了。”

水岛叹了一口气，“是啊，新宿旅馆案的嫌疑人竟然和宗方史织案的嫌疑人是同一个住址，确实很难想象，所以说东京这个地方说很大也很大，说很小也很小。”

石原表示同感：“你说得对。”

其实，宫路只告诉水岛在会津若松和美保子邂逅的事，并没有提及他们互相介绍旅馆的情况。所以水岛不知道美保子横死的新宿猫眼石旅馆和若松市的中央旅馆是设计上完全相同的两家旅馆，也不知道美保子住的东山温泉旅馆就是当年史织和辻桥相遇的地方。

第十四章

1

牛尾住在都下的一幢按户出售的旧公寓房里。这是房龄已达三十年的老建筑，每逢下雨天屋里就漏水，而且阳台铁栏杆都生了锈，外墙也开始剥落，墙面上留下了一条条雨水滴下的黑色印迹，整个外观惨不忍睹。

最危险的还是煤气管和水管的老化，就像人患了动脉硬化症，血管的内径变得越来越细。

为了替换新的管道，物业公司提出每户人家必须分摊几百万日元费用的要求，但是有的住户不愿分摊费用，提出了反对意见。旧公寓的维修是非常麻烦的事，只要有一户人家反对，就无法进行整体维修。

这个老公寓碰到的问题已经越来越社会化了。为了彻底解决问题，物业公司克服了重重困难，一个月之前开始对公寓的外墙和阳台的铁栏杆进行了喷涂和油漆的维修工程。施工期间，施工方在公寓外面搭了脚手架，由于施工人员不断地进进出出，害得居民连窗户也不敢开。开始外墙喷涂时，施工方干脆用塑料布封住了窗户。如此一来，居民的生活十分不便，房内在白天也是一片昏暗，而且是夏季最闷热的日子。居民们整整熬了一个多月，想到眼下的施工是为了让老房子焕发青春，就咬着牙忍受着，没有半句怨言。

那天夜晚，牛尾乘着夜班公交车回家。虽然现在正是搜查工作最紧张的时刻，但是工作再忙，加班再晚他都要回家，觉得这样心里才会更踏实。

牛尾从公交车下了车，慢慢地朝家走去，平时总能看到的家里窗口的灯光已经无法看到。现在正是在喷涂施工期，家里的窗口被施工方用塑料布遮蔽了。

从二楼开始到最上层，每个楼层都搭着脚手架。施工的楼梯从一栋建筑物斜搭到另一栋建筑，成对角线的形态。

外墙的清理工作已经结束，几天前开始墙面的喷涂施工。楼房和脚手架之间悬挂的绿色塑料布遮住了各户人家的屋内灯光，那些脚手架和施工扶梯就像废屋的骨架那样裎露着。

白天，许多施工人员频繁地在施工扶梯上上下下，不断推进着施工的进度。但是夜深人静的时候，施工现场不见一个人影。

现在从外面上楼非常方便，只要通过施工扶梯转到脚手架就能去任何楼层的房间。平时号称金城铁壁的公寓楼完全处于毫不设防的状态。

因此，即使在暂停施工的夜间也不能轻易开窗，否则就有盗贼潜入的危险。

这是每晚回家时熟悉的情景，牛尾疲惫地慢慢走着。突然，他的头脑里闪过一个念头：如果通过施工扶梯上楼，我到家里不是要快很多吗?

当然，要是冷不丁地从外面的阳台进房，家里的妻子一定会大吃一惊吧?

此时，那个施工扶梯正搭在牛尾家楼层下面的一户人家的阳台上。

牛尾进而产生了新的联想："如果猫眼石旅馆里也有这样的施工扶梯，罪犯就有可能利用扶梯从古川美保子横死的房间逃到下层的客房里。

他无意间把两处的情况叠加在一起。转念一想，又觉得有些荒谬，因为猫眼石旅馆不可能有这样的施工扶梯。

牛尾呆呆地看着施工扶梯。虽然扶梯和脚手架是同时搭建的，但过去从没有仔细地观察过。在楼房挂上塑料布之前，那些脚手架和扶梯似乎与楼房融为一体，并不那么显目，也许施工方安装扶梯就在案发的那个时间段。当时自己很忙，有时甚至不回家，所以对住宅外面的变化没有引起特别的注意。但是，今夜不知为何，施工的扶梯突然引发了奇异的联想，尽管还不能解开案发现场的"密室"之谜，但对于找出罪犯的逃脱之路不无有益的启示。

"哦，扶梯是从建筑的一端斜搭到另一端，呈对角线状联结。"牛尾看着施工扶梯，心里激荡出一朵新的火花，"我们以前只从上下左右的方位来考虑罪犯从801客房逃脱的路径，为什么不考虑斜线逃跑的方位呢？”

此时，他的脑海中再现了现场的状况：801客房的上面是屋顶，下面隔着一个消防救助口是601客房。左边隔着一个消防员救助口就是803客房。罪犯从斜的方向逃跑只能逃向701室，但701室是空房。即使罪犯和他的共犯要利用701客房也无计可施。牛尾思考了一会儿，终于理出了头绪，对了，只有这条路是可行的，罪犯先从801客房逃到右边的消防员救助口，然后斜着下到803室下面的消防员救助口，再逃入703客房。

接着，他又想出了另一种可能性。据了解，703客房当晚有身份不明的客人入住，也许就是罪犯。由于各个客房之间的消防员救助口兼有紧急逃生的功能，所以只要有冒险的胆量，就能充分挪动身体。不过，从801客房右边的消防员救助口逃到803客房下面的消防员救助口非常困难，没有攀爬工具配合根本不可能。

他进而想道：“如果有绳索的帮助就不成问题。罪犯完全可以从右边的消防员救助口A逃到803客房下面的消防员救助口B。

虽然想象很丰满，但现实还是很骨干。使用绳索必须要有固定的支点，但从现场调查的情况来看，801客房的外墙不要说没有固定的支点，甚至连痕迹都看不到。牛尾碰到了一道难以解释的壁垒：使用绳索必须有固定的支点，而且使用后能够撤除绳索，但现实的情况似乎排除了这种可能性。尽管如此，牛尾还是十分中意罪犯从801客房通过“斜线逃跑”到达703客房的设想，认为逃向703客房的“斜线逃跑”不但距离最短，而且风险也最小。

“你站在这儿干什么？”突然，背后传来了熟悉的声音。

牛尾回头一看，妻子橙枝正担心地站在他的背后。

“你怎么会来这儿的？”牛尾奇怪地问道。

妻子没好气地回答：“说什么哪？刚才我从窗口透过塑料布看到

你傻傻地站在家门口不知出什么事了，所以就担心地跑来看个究竟。”

2

搜查本部的会议上，牛尾重点提出了他对罪犯斜线逃跑的设想，即罪犯从801客房右边的消防员救助口A下行到803客房下面的消防员救助口B，然后逃往703客房的“斜线逃跑”。但是有人并不同意他的设想，认为“罪犯非常狡猾，虽然在逃跑时可能使用了绳梯之类的工具，但现在看不到固定支点和撤除这类工具留下的痕迹，如果罪犯真的掌握了这种方法，不要说从703客房逃跑，就是直接从801客房下面的601客房逃跑不也很方便吗？”

牛尾依然坚持自己的观点：“如果罪犯从601客房逃跑的话，就必须使用绳梯越过中间的消防员救助口直接降落到601客房，这需要相当高超的技能。与此相比，逃往703客房的‘斜线逃跑’就简单得多，只需从消防员救助口A移动到消防员救助口B，使垂直的下行作业减少到最低限度。况且‘斜线逃跑’是我们搜查工作的盲点，直到现在都没把703客房列入调查的范围。若能打破常规思维，一定会有新的收获。”

会议最后采纳了牛尾的意见。据调查，那晚住在703客房的客人是一名男子，戴着大墨镜和登山帽，严密地遮住了脸部，所以服务台人员对他几乎没有留下什么印象。他在住宿登记单上写的住址是“京都市中东区河原虹大街东侧末屋町”。姓名一栏里写着“中冈慎一”。也许为了不让别人认出笔迹，他的字写得非常工整，就像铅字一样。旅馆的服务员反映，那位男子虽然入住703客房，却没有留下住宿的痕迹，而且房间钥匙拿走后也没有返还服务台。

接着，警方又对消防员救助口A、B之间的集合处进行了绵密细致的调查，结果查明803客房和消防员救助口A的消防员踏脚处有最近留下的痕迹。和其他的踏脚处相比较，这块混凝土的表面显得很光滑。

不过，新的问题又出现了。虽然利用这个踏脚处可以转移到旁边的 803 室，但不能转移到斜下方的消防员救助口 B。

调查工作再次出现了很大的困难。就在这时候，牛尾接到了碑文谷警署的水岛警官打来的电话，说已经查清了和古川美保子旅游同行的那个男子的下落。他的名字在过去的搜查中没有出现过，水岛在打电话之前已经确认那个男子正在自己的家里。

于是，新宿警署根据水岛提供的信息，重新组织了新的调查阵容。那个有嫌疑的男子名叫桧川昭，警方立即对他进行了深入的调查。

桧川昭今年二十六岁，独身。四年前，他从都内的名牌私立大学毕业，进入位于千代田区大手町的五百藏兴业株式会社工作。最近已离开公司，担任其父桧川隆兴的秘书。桧川隆兴是著名的政治家，也是民友党的大佬，还是支持民友党现总理矢崎政权的最有力的智囊之一，是矢崎派的首领。他现为矢崎内阁的建设大臣，在财界有着丰富的人脉，具有超群的调动资金能力。在矢崎政权内，桧川隆兴始终高调保持着支持矢崎的姿态，但在重新组织“矢崎支柱”的派系时，他被众人视作将来有可能成为独自行动的一匹黑马。

作为政治野心家，民友党高级政治智囊，桧川隆兴在党内隐然拥有不可小觑的政治势力。

此外，桧川隆兴和五百藏兴业的社长五百藏大藏是同乡，关系极好，号称“刎颈之交”。

当年，桧川昭进入五百藏兴业会社是秉承父旨，发挥两家友好的“黏合剂”作用。他离开五百藏会社，成为父亲的秘书也是桧川兴隆预先布下的一枚棋子，以便在父亲的光环下将来能顺利地进入政界大有作为。

警方通过持续深入的调查，一条大鱼渐渐地浮出了水面。虽然桧川昭本人没什么了不起，但他背后的父亲却非常难对付。由于日本现行体制的顽疾，执政党和警方高层的关系非常密切，处理稍有不慎就会面临巨大的压力。况且桧川昭已和大藏大臣的次女订了婚，准备在今年秋季正式举行婚礼。

“桧川隆兴和我们警察总监的私人关系非常好，所以对桧川昭的处理一定要慎重，搞不好就会前功尽弃。”警署的搜查大队长非常紧张地叮嘱下属。

尽管桧川昭的嫌疑很大，但是警方毕竟没有过硬的证据，也没能见到他和古川美保子一起外出旅行的场景。为了慎重起见，警署命令相关的搜查人员手持桧川昭的照片，去郡上八幡的两家据说是两人住宿过的旅馆，请旅馆的服务人员对照片进行辨认。

结果证实照片里的桧川昭就是古川美保子一起旅游的男友。由于两家旅馆的证言完全一致，警署的搜查本部确定桧川昭就是古川美保子外出旅游时的男友。

搜查本部决定找桧川昭问话。为了营造宽松的氛围，问话的地点不放在警署，特意向警署附近的一家旅馆借了一间客房。

接到警方的问话的通知后，桧川昭神情紧张地赶到了旅馆。不过他的态度依然带着狐假虎威的傲慢。

“今天请你来这儿问话，请好好配合！”担任询问官的是牛尾，还有恋塚、大上两个助手。

“对不起！我从来没被警察问过话，所以有点为难。今天事情很多，必须要去父亲的选区处理相关事务。”桧川昭有意无意地拿出父亲的招牌炫耀。

“不必担心，很快就会问完的。请问，你认识一个叫‘古川美保子’的女人吗？”牛尾试探着放出一支箭，三个刑警目不转睛看着桧川昭。

桧川昭装模作样地凝神片刻，反问道：“你是说‘古川’这个女人吗？”

“她是银座‘花门’夜总会的女招待。”牛尾的口气很肯定，似乎不容对方抵赖。

桧川昭依然口气淡淡地回答：“你说的‘花门’夜总会我知道，曾经陪父亲去过那儿一两次。那个叫‘古川’的女招待也许有吧。”

“我想你不会不认识她的。今年四月，你曾经和她一起去郡上八幡旅游，你们在两家旅馆住宿过，旅馆的服务员都证实了这一点。”牛尾突然使出了这招杀手锏，桧川昭的脸色顿时变了。他似乎没料到警方已经对自己调查到这种程度。

“我和她没有任何关系，所以什么都不知道。你们有事可找我的律师！”桧川昭仗着父亲的威势故作镇静地回答，但慌乱的迹象已露端倪。

“你也不必紧张嘛，我只是问问你是否认识古川美保子这个女人。即使你知道她的情况，感到不方便时也可不回答……”牛尾看着对方铁青的脸，放缓了语气。

桧川昭似乎松了一口气，“十分抱歉，我没想到和我一起旅游的女人竟然会惨遭不测，这也许会给父亲的选举增加麻烦。”

牛尾眉毛一扬，“你也知道她在新宿的旅馆里死亡的事吗？”

“我是从报纸上看到的。”

“你那时没有和古川美保子一起去这家旅馆吗？”牛尾抓住时机问道。

“哪有这样的事，你们还在怀疑我吗？”桧川昭再度变了脸色。

“你知道她是怎么死的吗？”

“报纸上说她的死因还不清楚，警方正在调查。还说在调查和她一起入住的神秘男子的行踪。”桧川昭闪烁其词地回避着。

“你和古川美保子到底是什么关系？”牛尾又出其不意地放出一箭。

“我已说过了，只不过是普通的客人和女招待的关系。”桧川昭依然咬紧牙关不松口。

牛尾淡淡地一笑：“难道和女招待一起外出旅游也属于普通的关系？”

桧川昭耸耸肩，“和夜总会的女招待一起旅游并不稀奇，只要肯出钱，谁都能办到。我和她始终是逢场作戏的玩伴。”

“我问你，八月十三日的夜晚你在什么地方？特别是深夜十点以后到凌晨这个时间段在什么地方？”牛尾目光犀利地盯着他。

“你们还在怀疑我啊？”桧川昭似乎很委屈。

“你和古川美保子的关系并不像你说的那么简单，至少是老朋友吧？就算是玩伴，也不能说和你毫无关系。”牛尾带着嘲弄的口气说道。

桧川昭故作轻松地回答：“八月十三日我放了暑假就去冲绳了。”

“去了冲绳？？”牛尾的脸色倏地一变。

“从八月十二日开始，我在冲绳的万座连续待了三天，一直住在万座的海滨旅馆，你们去那儿调查一下就知道了。”刚才还比较紧张的桧川昭终于恢复了平静。

牛尾严肃地发问：“你和谁一起去冲绳的？”

桧川昭愠怒地反问道：“这个问题必须回答吗？”

“是的，必须回答！”

“是和我大学的同学一起去的，我们整整玩了三天的海上运动，非常开心。”桧川昭得意地站起身来，随即告诉牛尾三个同行者的姓名和联系电话。

第十五章

1

原以为嫌疑最大的桧川昭竟然有不在现场的证明，搜查本部无疑受到了很大的冲击。桧川昭敢在警方取证之前一口咬定自己不在现场，还说“你们去那儿调查一下就知道了”，种种迹象表明他不像在说谎。

警方立即派人去冲绳调查，他所说的万座海滨旅馆里还保留着当时的住宿记录。旅馆人员也证实桧川昭和三个同行者连续三天一直住在这家旅馆，还说他们三人形影不离，晚上一起泡吧或者到迪斯科舞厅玩到很晚。所以桧川昭不可能在这期间秘密地脱身来东京新宿的旅馆作案。

据此，桧川昭不在现场的证明十分可靠，如果他是清白的，搜查工作不得不又回到原点。

不过，随着调查工作的不断深入，桧川昭的嫌疑越来越大，甚至极可能是美保子的胎儿的父亲。也许就在桧川昭准备野心勃勃地步入政界，并和大藏大臣的女儿订婚的时候，美保子突然告之已怀上他的孩子。如果美保子能爽快地答应人工流产，就不会发生致命的问题，但她并没有答应，甚至有可能进行敲诈，也许她已知道了桧川昭正在和大藏大臣女儿谈婚论嫁的情况。

于是，美保子成了桧川昭政治联姻的最大障碍。不仅阻碍了桧川昭一人，也影响了他的父亲，一旦其父和五百藏家族的关系变坏，就直接破坏了实现政治野心的计划。如果处理不当，还会失去最大的资金源，造成党内派阀运营的困难，甚至从政治明星的宝座上跌落下来。

因此，基于桧川昭进退维谷的立场，他具有充分的犯罪动机。

尽管如此，警方的搜查工作还是面临着巨大的风险和困难。一则桧川昭不在现场的证明很稳固，再则现在还无法确认他就是美保子的胎儿的父亲。由于犯罪现场的密室状况无法打破，搜查本部的搜查再度陷于困境。

与此同时，宫路密切地注视着警方的动向。起先好不容易发现了和美保子一起去郡上八幡的同行者，他很高兴，但又觉得此后的搜查工作毫无进展，感到十分灰心丧气。宫路觉得警察也是欺软怕硬的货。因为嫌疑人是大政治家的儿子，就迟迟不敢下手。叹息之余，他现在最关心的还是淳子的被害案，由于搜查工作没有明显的进展，警方对他的怀疑依然没有解除，而且淳子的被害案和宗方史织遇刺事件的关联性始终没有得到确认，碑文谷警署和麻布警署没能进行协同搜查，双方依然各行其是。

淳子死后，宫路的家里到处养着蚕，和宫路过着“同居”的生活。

宫路最喜欢，最忙碌的是幼蚕时期。因为成蚕的时间较短，而且很快就破茧化成蛾。淳子在的时候，每当听到夜间蚕吃桑叶的声音就会心烦意乱地和丈夫发生争吵。现在她走了，再也没有争吵声，宫路反感到格外空虚，他终于明白和蚕一起生活是多么孤寂。

那天夜晚，宫路一人吃了晚饭后呆坐在客厅里，在上床入睡之前漠然看着一些并不想看的电视节目。今天他看的是最近最流行的一档叫《旅途中》的节目，主要播放一些各地不太知晓的风景、秘境温泉、民间工艺品等，由于没有故事情节，所以很适合他随便看看的心态。

这时候，电视的画面上突然出现了一个男性记者，面容很熟悉，他就是辻桥基男。在这档节目中，他和一个年轻的女记者引领着观众漫游全国各地。不一会儿，电视上出现了很熟悉的画面。原来今天主要介绍会津若松市的景观。画面中的辻桥和那个女记者正一起在若松市内漫步。他们先沿着鹤城、会津大名府、饭盛山、瀑泽主阵地的路线转了一圈，然后慢慢地走进市内，接着，又依次介绍了山麓素行的出生地，酿酒历史博物馆，民间工艺品商店，当地土特产商店……把会津的亮点毫无遗漏地串联起来，有很多地方是宫路当时错过的景点。

两名记者在一家面馆品尝了手擀面条之后，继续在市内漫步。突然，画面上出现了宫路和美保子"相互介绍"的那家旅馆。

"那栋白色的建筑好漂亮啊！"年轻的女记者发出了一声惊叹。

"好像是一家旅馆。"辻桥内行地回答。

"为什么外观的墙面上有很多凹陷空间？"

"这是特意这样设计的。"

"哦，这样的设计也太浪费空间了。"

"是啊，如果凹陷的空间也能建房的话就能增加很多客房了。不过，这样的设计也有优点，就是看上去很壮观。"

就在两人对话的时候，电视镜头显现了旅馆的外墙细部，不仅在结构上、设计上甚至连外墙的喷涂都和新宿的猫眼石旅馆一模一样。

这时，辻桥和那个女记者从旅馆前面走过，进一步去市中心采访……

几天以后，宫路听说自己需要的书籍已经面市，特意赶去书店。买了书后，他又意犹未尽地看着书架上排列的其他书籍。那些文艺小说、漫画以及畅销书的专柜边上都站立着不少购书者。也许暑假刚结束，离秋天的观光季节还有一段时间，旅游书的专柜边上人很少。

宫路随意地看着排满旅游书的书架，似乎还想再去会津和郡上八幡观光，这块土地上有着太多的奥秘，使他产生了一探究竟的冲动。

突然，他凝神看着书架上的一本书，那本书的标题和作者的名字引起了他的浓厚兴趣。那本书的书名叫《全国最佳旅馆 100 例》，作者就是辻桥基男。

宫路从书架上抽出那本书，顺手翻开了书页。他并不想买那本书，只想知道辻桥到底精选了哪些旅馆。

他先看了书的目次，发现里面果然有“会津若松”的栏目，他到底在会津若松选择了哪些旅馆呢？宫路对此充满了好奇心。

当他翻到那个栏目的页面时，不由自主地轻轻发出一声“果然是它”的惊呼。原来书里就有那家中央旅馆。电视里，辻桥解说的时候似乎事先并不知道这家旅馆。而书里的介绍文字是这样写的：“这家旅馆虽然离市中心的繁华地段很近，但所在的外围环境非常幽静。每隔一间客房就有一个面积与之同样大小的凹陷空间，能最大限度地确保旅客的私生活不受干扰。虽然位于‘寸土寸金’的市中心，客房内的面积却很宽敞，所有的客房（包括单人间）都放着双人床。旅馆的地下是著名的‘美食街’，汇集了会津的各类小吃，号称‘会津之味’。这家旅馆可作为会津的观光基地，兼有‘地理环境优越，客房宽敞明亮’等诸多优点。”

电视上的讲解怎能聘用事先未去过现场取材的记者呢？也许他的解说词只是通过电话询问就想当然地写成的吧？宫路不由得愤懑地想道。

转念一想，又感到释然。现在的一些以卖书为目的旅行作家不也一样吗？

即使自己没有亲自去过的地方也能洋洋洒洒地写出一大堆介绍文字，只要内容基本正确就可以敷衍了事了。

突然，宫路的脑海里闪过一个念头：也许他是去过那家旅馆的，只不过在电视片中故意做出初次见到的样态，以配合那个女记者吧？

确实，在电视画面中，记者若以“初次猎奇”的形象出现，对广大的电视观众来说更有吸引力。

宫路想到这儿，颇有预感地翻到了东京栏目的页面，那儿也列举了新宿的猫眼石旅馆。书中这样写道：“在东京的繁华地段建造这样的旅馆着实让人惊讶。各个客房之间特意安排了一个相当一间客房空间的凹陷空间，它的设计特色和会津若松市的中央旅馆完全一样。这家旅馆位于新宿三丁目，正是所谓‘一亿日元/平方米’的黄金地段，而且设计独特，充分保障了房客的私密性，无须担心邻室的干扰和高声喧哗，所以是情侣们和讨厌打鼾者的最佳住处。”

看了介绍文字，宫路的心里终于有了底：辻桥绝对熟悉这两家旅馆！即使不去现场取材他也知道中央旅馆的情况。电视画面上的懵懂之态只不过是配合电视片的摄制而已。他是怎么知道这两家旅馆的情况的，有什么奥秘吗？

宫路站在书店的书架前面，不由得浮想联翩，首先想到的是那件蹊跷的事。那天，为了寻找美保子的住所，特意去了她在住宿登记单上写的那栋位于广尾的高级公寓，恰巧在公寓的门口和辻桥擦肩而过。那时候，曾经告诫自己不要把偶然的巧合轻易地和美保子联系起来，但是现在辻桥又出现在美保子住过的中央旅馆的现场，难道这又是偶然的巧合吗？如果他和美保子真有什么暧昧关系的话，为什么要故意隐匿自己熟悉中央旅馆的真相呢？难道是想隐匿他知道若松的中央旅馆和新宿的猫眼石旅馆是两栋完全相同的建筑吗？他这样做恰恰暗示了他是熟悉猫眼石旅馆的情况的，而那儿恰恰又是美保子神秘死亡的场所。

宫路为了验证自己的想法，心生一计，以《全日本最佳旅馆

100例》出版社的名义给若松的中央旅馆打了电话，“我们受辻桥基男先生的委托，特来询问贵旅馆房客的现行房价，能否据实告之？”

由于抬出了出版社的名头，对方不敢怠慢，郑重其事地告知了现行的房价。

宫路又问：“多谢了。顺便问一下，我们前天在电视上看了辻桥先生的《会津若松纪行》的节目，里面也有一些介绍贵旅馆的画面，听先生的口气他好像第一次到贵旅馆。请问，先生事先来过贵旅馆采访吗？”

对方肯定地回答：“我也看了那档电视节目。在我的记忆中，先生不是第一次来，他曾经来我们这儿采访过，第二天又去了东山温泉。”

“哦，是去了东山温泉吗？”

“是的。先生说他先来我们旅馆采访，然后再去采访东山温泉旅馆。”

“你说的东山温泉旅馆是不是本瀑旅馆？”

“是的。他是这么说的。”

宫路想起那家旅馆就是他当时在东山温泉住宿的旅馆，而且还向美保子推荐过呢。再者，宗方史织就是在这家旅馆认识了一个神秘的“东京客人”，在对方的极力怂恿下开始了苦难、诡谲的“东京闯荡生涯”。

此时，宫路的头脑中不断地迸发出联想的火花；就是对方不告知“布瀑”旅馆也没关系，自己早已认定那个“东京客人”就是辻桥基男。

宫路对自己的新发现大为振奋。他终于明白了，辻桥绝不是一个毫无关系的人物，不但本身疑点甚多，还和郡上八幡的同行者桧川昭住在同一个公寓。由此来看，辻桥、宗方史织、桧川昭和古川美保子四人之间似乎存在着某种联系。

不仅如此，这种联系甚至通过宗方史织延伸到自己的妻子淳子。原以为只是在旅途中萍水相逢的美保子，竟然以意外的形式和妻子联系起来。

宫路再次把自己的猜测和发现告诉了水岛警官。水岛立刻表示出浓厚的兴趣。

2

宫路再次提供的情报具有丰富的内涵。尽管警方已经掌握了辻桥怂恿宗方史织来东京闯荡的信息，但始终认为他与案情无关，把他排除在搜查对象之外。

现在，辻桥再度回到了警方的视线之内。认为他明明熟悉中央旅馆的情况却故意隐瞒，除了拍摄电视片的需要，一定还有难言的内情。此外，已查实辻桥和桧川昭住在同一幢公寓，看来两人的关系非同一般，起码超过一般的邻居。也许通过桧川昭，辻桥和古川美保子有了联系，进而延伸到辻桥— 宗方史织—宫路淳子的关系。

水岛也产生了和宫路相同的联想。如果将之前认为完全没有关系的三起案件：宫路淳子被杀案、宗方史织遇刺未遂案以及古川美保子的横死案（在未解开密室之谜的情况下无法断定是他杀）视作相互关联的案件，那会出现怎样的情况呢？一阵兴奋的狂潮开始在他的心中激荡……

水岛决定重新综合梳理这三起案件的经纬，看看有没有新的发现。

第一案件发生在五月十二日深夜，和丈夫别居的宫路淳子在目黑区绿丘公寓的住所里被罪犯绞杀。尸体里留下了生前性交的痕迹。

就在案发当晚的零点左右，和宫路淳子发生过肉体关系的汽车推销员津村繁恰巧也来到宫路淳子的住所，当他发现淳子的尸体后立刻驾车仓皇出逃，并在半路上撞倒了骑着自行车的宗方史织。津村在逃离淳子住所的时候，无意间手里拿着一张会津大名府参观券的票根。事后警方通过调查发现有人在津村和史织发生交通事故的现场捡到了一只有会津标记的胸针，所以认为罪犯可能和会津地区有某种关系。

五月二十五日夜晚，六本木的“麦比乌斯 ”迪斯科舞厅发生了吊灯坠落事故。警方在死难者里找到了来自会津的宗方史织。通过尸检，虽然明确他的主要死因是直接受到坠灯的撞击造成头盖骨骨折而亡，但同时还在他的身上发现几处未到致命伤程度的刺痕，所以推测罪犯在对史织行刺的时候，恰巧发生了意想不到的坠灯事故，行刺没有伤及史织的生命。案发后，警方对史织进行了深入的调查，查明他和宫路淳子之间有过肉体关系。因此，推测史织极有可能在五月十二日夜晚去了淳子的住所，两人发生关系后，他残酷地绞杀了淳子。

史织无疑是杀害淳子的最大犯罪嫌疑人，那么是谁在暗中对他行刺？警方对此也做过绵密的调查，但没有明确的结果。因为淳子的丈夫宫路弘之有确凿的不在现场的证明，津村则不知道史织的行踪，两人都被警方排除了犯罪的嫌疑。

调查期间，宫路弘之去会津旅行，在路上和古川美保子萍水相逢，两人通过互相介绍自己住过的旅馆，实施了“住宿地的交换”。结果宫路住了若松市中心的中央旅馆，美保子住了东山温泉旅馆。现已查明，那个旅游作家辻桥基男也先后住过这两家旅馆，并在东山温泉旅馆劝说宗方史织来东京闯荡。

八月十三日半夜，古川美保子横死在新宿猫眼石旅馆的一间客房里。警方通过尸检从尸体中查验出微量的氯仿，怀疑极有可能是他杀，但由于现场处于密室状态，一时无法查清罪犯的逃遁路线，所以还不能轻易做出他杀的结论。

淳子的丈夫宫路弘之通过回忆和分析古川美保子在会津若松说过的只言片语，终于查明和她去郡上八幡的同行者就是桧川昭。

不过，桧川昭在古川美保子横死的那个夜晚确实不在现场。作案者最有可能的是辻桥，因为他熟悉若松的中央旅馆的建筑结构，却故意在电视解说中隐瞒了这一点。此外，他也熟悉新宿的猫眼石旅馆，并知道这两家旅馆的建筑结构是完全相同的。辻桥故意隐瞒知道若松中央旅馆的事实，显然是为自己在新宿猫眼石旅馆作案打掩护。水岛想到这儿，又有了新的推测：淳子第一次去史织所在的“奥林匹斯”店时曾带着一个男伴，那个男伴会不会就是辻桥呢？……”

3

水岛收集了很多辻桥的照片，并拿着照片迅速赶到“奥林匹斯”店要求辨认。店长和其他几个工作人员看了照片一致认为照片里的人正是淳子的男伴。

也许拍照片时的辻桥还没有成为媒体的宠儿，所以不太引人注目吧？

于是，水岛最后得出了结论：“辻桥和淳子之间一定有非同寻常的关系。”

根据这个结论，以前觉得不可理解的事情渐渐有了解决的眉目。

迄今为止，警方只知道是辻桥劝史织来东京的，但没想到他早就和淳子相识，并作为她的男伴去过史织工作的“奥林匹斯”店，所以他理所当然地和史织再度见面。但辻桥十分狡猾，故意编造出史织来东京后再也没见过面的谎言。因此，连淳子也不知道两人的内情，他们的关系被巧妙地隐藏起来了。

4

由于辻桥非常熟悉会津的中央旅馆和新宿的猫眼石旅馆的情况，所以他与古川美保子的横死案件也有关联。

他在三起案件中都若隐若现地显现了自己的身影。

水岛的助手石原急切地建议道："要不要把他抓起来严格审讯？"

水岛赶紧制止了他的鲁莽："还得再等等，不能操之过急，我们还没有充分掌握他的犯罪证据，要继续深入调查。"

没过多久，水岛在警署的搜查本部会议上提出了犯罪嫌疑人辻桥的问题。通过对辻桥的进一步调查，已经发现了他与宫路淳子和古川美保子两案的关系，要求制定新的搜查方针，搜查本部会议采纳了水岛的意见，认为辻桥具有重大的犯罪嫌疑。辻桥基男现年四十五岁，作为一个自由撰稿人经常在杂志上发表他撰写的旅行纪事和风俗探访记之类的文章。从半年前开始，他在旅行杂志上开辟了《日本一隅》的专栏，系统地介绍了全日本的一些不为人知的小地方，经各家媒体的大肆转载炒作，辻桥的声名鹊起，成为当下最具人气的专栏作家。

辻桥三年前离了婚，此后一直单身，和前妻也没有孩子。鉴于当下的名声和巨额的收入，他惬意地过着"钻石王老五"的奢华生活。据说常有年轻女人慕名来找他，但他似乎没有固定的异性伴侣。虽说他和宫路淳子关系非同一般，但几乎没有人见过他去淳子住所的身影，如果一个当红作家定期去某个地方，肯定会引起人们注意的，同理而论，他应该也不会随便地借用旅馆和淳子幽会的。就在警方苦于找不到他俩关系的证据时，石原却兴奋异常地回到了警署。水岛看到石原扬扬得意的笑脸，知道他一定有了重大收获。果然不出所料，石原在水岛面前拿出了一包东西，高声嚷道：“终于找到了，那个狡猾的家伙也没有什么了不起！”

“这是什么？”水岛惊异地问道。

“你仔细看嘛。”石原依然兴奋不已。

水岛定睛一看，原来是几十张照片，好像都是报上用的新闻照片。

照片里，许多救护队员和警察在围观的人群中奔忙着。

石原道：“这就是六本木迪斯科舞厅的事故现场照呀。”

“就是宗方史织遇刺的‘麦比乌斯’舞厅吗？”

“是的。”

“你要那些照片干什么？”

“我刚才去了一家刊载辻桥作品的杂志社了解情况，在编辑部的一个角落发现了一堆老照片，上面满是灰尘。这些照片没有被采用，也没有处理。”

水岛知道这些未被采用的新闻照片已经失去了时效，没有任何价值。

石原显然没有这样想，他取出其中的一张照片，大声说道：“你看这张！照片里有一个被消防员挡住半边脸的男人，他就是辻桥！”

“你说什么？”水岛终于惊讶地问道。

“那个男人虽然戴着墨镜，外貌有点变化，但是受到了坠灯事故的惊吓后，在慌乱中显出了原形。”

水岛顺着石原手指的地方看去，果然如此。在惊吓中辻桥戴的墨镜有点歪了，却生动地反映出他的表情特征。

“这张照片里也有他的头像！”石原又拿出一张照片。

照片里有两个消防员抬着一副担架，辻桥站在担架的旁边，露出半个侧脸。

石原又道："这张照片拍的是迪斯科舞厅的内景，辻桥显然不是围观的群众。"

水岛问："你是说辻桥在那晚也去了迪斯科舞厅吗？"

他心中的疑团渐渐地解开了：辻桥实际上卷入了六本木迪斯科舞厅的坠灯事故，却说不知道宗方史织死亡之事，显然是混淆视听的弥天大谎。

"请看这张照片！"石原又拿出一张照片。

这张照片好像是坠灯事故后拍下的。坠灯的四周站着一些惊慌失措的客人。

石原道："客人中只有一个男子在开心地笑着，他就是桧川昭。"

水岛眉毛一扬，"桧川昭也在现场吗？"

石原补充道："站在桧川昭旁边的就是古川美保子。"

水岛感到很困惑，这么多相关者都去了那家迪斯科舞厅，这究竟意味着什么？他实在把握不定，这个亲自劝说宗方史织来东京闯荡的辻桥，那天为什么去史织死亡的迪斯科舞厅呢？看来绝不是偶然的。

石原说："听说辻桥和宗方史织是一起去那家迪斯科舞厅的。"

水岛第一次感到这个崭露头角的年轻刑警具有很强的推测分析能力。

石原继续分析："如果辻桥想杀宗方史织，即使两人同行也不过是遮人耳目。他一定是尾随着史织准备伺机下手的。"

水岛问："为什么桧川昭和古川美保子也会结伴来那家迪斯科舞厅呢？"

石原回答："这个不清楚。但我觉得美保子的死似乎和他们结伴去迪斯科舞厅有一定的关系。"

接着，石原又把那些有新发现的照片放大，进行更仔细的检视，最后认定照片里的三个可疑人确实是辻桥、桧川昭和古川美保子。

水岛由此更加坚定了自己的看法。在发生坠灯事故的那天晚上，辻桥确实在现场出现过。此外，他还先后在会津若松的中央旅馆、东山的本瀑温泉旅馆、新宿的“奥林匹斯”店、广尾的公寓显过身。和他有关的人物是宗方史织、宫路淳子和同一栋公寓的桧川昭，还有顺着这条线联结的古川美保子。

水岛总结道：“最后的问题是辻桥的作案动机。如果他是罪犯，为什么要连续杀害这三个人呢？虽然刺杀宗方史织未遂，但结果还是达到了他的目的。”

石原问：“你认为是辻桥杀害了这三个人吗？”

“现在还不能完全肯定。但从刚才的分析来看，他们之间互有关联，他们的死一定不是偶然的。我们现在必须马上和麻布警署的吉原和新宿警署的牛尾取得联系，只有三家警署联合起来才能迅速破解这个连环大案。”

第十六章

1

新宿警署的搜查工作遇到了很大的困难。由于至今还没有找到明显的犯罪嫌疑人，古川美保子的横死现场依然处于密室状态。不过，自从牛尾有了斜线逃跑的设想后，警方对罪犯的逃跑路线有了新的看法，只是还没有解开具体的逃跑方法。他们认为罪犯逃跑时一定应用了某种工具，否则就不可能逃脱。

罪犯究竟应用了何种工具，使用后又如何将其回收，使现场不留下使用过的痕迹？这是警署搜查人员面临的一大难题。他们不断地去现场勘查比对，试图从中找到破解的方法。旅馆方面为了配合警方的调查，将那间 801 客房定为“故障房”，长期锁闭着。

尽管费了九牛二虎之力，搜查人员依然没有头绪。从消防员救助口 A 到 B 之间非常险陡，如果不是专业的表演轻功的杂技演员，一般人根本无法移动身体。

那天夜晚，牛尾很晚才回家，一边吃着妻子做的可口饭菜，一边随意地看着电视。此时，电视画面上出现了攀岩的镜头。只见主人公在绳索的帮助下正从白雪皑皑的悬崖上慢慢下滑。他先用铁锤在岩壁上打入螺栓，然后在上面安装串绳用的圆形钢圈，再系上绳索从悬崖上下滑。一旦下到绳索的末端，就用手使劲拉着双股绳索的另一头，让绳索脱离螺栓上的钢圈，然后再用铁锤在岩壁上打入螺栓……通过不断重复刚才的一连串作业，直到最后下到地面。

牛尾看了心有所动：“如果在客房内打入螺栓，以此为支点就能固定绳索了。”

妻子忍不住柔声规劝道：“你不要这样兴奋，晚上会睡不着觉的。”

“好的，我知道了。”牛尾看着电视答应道。

从电视画面看，打入岩壁的螺栓似乎一直留在原处，因为它是下降绳索的支点，少了它是绝对不行的。

“难道是螺栓吗？”牛尾轻轻地自语道。他的视野里看到的似乎不是具体的物象，而是记忆中留存的某种回放。

“我去把房门锁上吧。”妻子说着站起身来。

过了一会儿，她回来对牛尾担忧地说道：“防盗链太短了，怎么也挂不上。”

妻子的话似乎给予牛尾很强的刺激，使他一下子豁然开朗了。

“你刚才在说什么？”牛尾激动地大声问道。

“哎呀，你这么大声干什么？把我吓了一跳！”妻子娇嗔道。

“你刚才说房门的防盗链怎么啦？”

“防盗链好像短了点，无法顺利地挂上，我想把它换了。”

“嗯，你说得对！就是它了！”牛尾兴奋异常。

“你到底在说什么？”妻子惊疑地看着他。

“我是说找到了房间里的支点。平时看到了也不当回事，真是‘灯下黑’。”

“你说房间里的支点是什么东西？”

“就是螺栓。房门上的 U 形螺栓是用来挂防盗链的。罪犯就是把绳索串在 U 形螺栓上逃脱的。那个 U 形螺栓非常结实，串上绳索后足可以承受一个人的体重。”牛尾一边解释，一边比画，妻子听了还是莫名其妙。

第二天一早，牛尾急不可耐地赶去警署上班，并在搜查本部的早会上提出了自己新发现的罪犯逃脱方法：“罪犯在客房门上系防盗链用的 U 形螺栓上串好绳索，然后手握绳索走出窗台，从消防员救助口 A 逃向消防员救助口 B，那条绳索从消防员救助口 A 到 803 客房的消防员踏脚处是平行移动的，到了消防员救助口 B 才开始下降。他到达 B 处后，只要用力拉着双股绳索的另一端，就能回收串在 U 形螺栓上的绳索。”根据牛尾画的图解，终于十分明了地解开了 801 客房的密室之谜。

2

通过牛尾的合理解释，证明案发的那晚 801 客房确实有罪犯存在，搜查本部终于认定古川美保子的横死是一起杀人事件，但还不清楚罪犯究竟是谁。

就在这关键的时刻，碑文谷警署的水岛给牛尾打来电话，向他提供了辻桥基男可能是罪犯的重要信息。

由于辻桥浮出了水面，宫路淳子的被杀案、宗方史织的遇刺案以及古川美保子的被杀害案都有了较为清晰的脉络，三案相连的可能性极大。于是，三个警署的搜查本部召开了联席会议，共同商定搜查的方针和破案的对策。

根据最近的调查，警方又发现了辻桥的新信息：他在学生时代就参加了学校的登山俱乐部，现在也对登山乐此不疲。只要有空，就去登山娱兴。

破案最后的瓶颈是辻桥的杀人动机。

水岛首先发言："辻桥和淳子确实有着不正常的男女关系，他可能发现淳子和史织也有一腿，所以醋兴大发，绞杀了淳子。"

接着，吉原也开了口："如果行刺史织也是辻桥干的，那是他犯下的第二桩罪行。据我们调查，淳子和史织也是不正当的情人，他们三人之间形成了奇特的三角关系。辻桥为了报复，就先后杀了情人淳子和情敌史织。"

牛尾眼望着会议室的天花板，心里在不停地翻腾着一个又一个疑团：照理说，为了达到独占情人的目的，只要杀了情敌就万事大吉了，辻桥为什么还要连续杀人呢？真是怪事！

石原谈了自己的看法："我们推测和淳子生前最后一次发生性关系的人是史织，由于辻桥的突然出现，两人不得不中断了情事。辻桥不仅当场绞杀了淳子，还追杀史织，为以后发生的行刺事件埋下了伏笔。"

岸不同意石原的推论，反驳道："即使辻桥当场绞杀了淳子，也不能想当然地认为是他追杀了史织，因为中间相隔的时间太长了。如果他真要追杀，杀了淳子之后马上就可实施，何必要等到两周后才偷偷摸摸地行刺呢？"

恋塚也发表了自己的看法："听了大家的意见很受启发，我想有没有这种可能性：两人情事结束后辻桥才来到现场，发现淳子的神情不对就不停地追问，迫使淳子坦白了她和史织的关系。辻桥在一怒之下杀了淳子。”

“你的设想也有一定的道理，但还是无法解释辻桥为什么要在两周后才在迪斯科舞厅对史织下手。”牛尾婉转地表达了自己的看法。

接着，有人提出了这样的问题：“如果史织察觉到辻桥的意图，为什么不当场和警方联系呼救呢？”

这个问题很特别，也是搜查会议上一时难以解决的问题。

有人这样回答：“也许是罪犯单方面以为被史织察觉了。”

“单方面以为？”在座的人都感到十分新奇。

那人解释道：“就是罪犯自以为被人发现了，其实宗织根本没有察觉。”

大部分人都不太相信这种推论，小声地议论起来。

恋塚大胆地支持了那个人的想法：“我觉得是有这种可能的。”

全员的目光顿时都集中在恋塚的身上。

恋塚从容地侃侃而谈：“我假设，史织和淳子完成情事之后离开了房间，恰巧辻桥这时候也来了，两人在走廊或者大门口擦肩而过。当时史织也许因为情事发生后比较疲惫或者是其他的原因，并没有注意到来人就是辻桥，而辻桥却看到了史织，对他佯佯不睬的态度感到惊诧。进入淳子的房间后，辻桥才醒悟到刚才两人一定发生了不正常的男女关系，一怒之下绞杀了淳子。案发后，辻桥怀疑史织已经知道是他杀了淳子这个秘密，所以很紧张。史织虽然没有报警，但对石桥而言，他是自己的心腹大患，所以时刻想伺机除掉史织。”

恋塚的分析较好地解答了辻桥为什么过两个星期再行刺史织的“时差”问题。

石原听后踌躇了片刻，提出了另一种意见："我顺着恋塚君的推理考虑，觉得也有与此相反的可能性。"

全员的视线又集中到石原的身上。

石原舒了一口气，"我觉得史织也可能有单方面以为的问题。"

全场一片沉默，众人的目光似乎表达着这样的疑惑："会有这样的情况吗？"

"史织在东山的温泉旅馆与辻桥偶然相识，在辻桥的鼓动下只身来到东京闯荡，在新宿的'奥林匹斯'店打工，在那儿和辻桥再度相遇。那一天夜晚，辻桥以为史织不会知道自己的行踪，秘密地走进淳子的住所。史织是否目击了杀人现场我不清楚，但只要他当时在现场附近见过辻桥的身影，案发后看了报纸就能很容易地推断出真正的罪犯就是辻桥。不过他没有和警方联系，因为一旦报了警，自己也可能受牵连成为怀疑对象，非但没有一点好处，反而会招致意外的风险，所以我估计他知道案情后直接打电话给辻桥，告诉他'我当时看见你了！'"

"哦，你的意思是史织恐吓了辻桥！"有人这样问道，众人也不由自主地发出了表示理解的叹息声。

通过石原的分析，大家对辻桥的杀人动机有了进一步的了解。

这时，水岛提出一个新问题："辻桥绞杀淳子和行刺史织的犯罪动机刚才已做了深入的分析，那么这两个案子和古川美保子的横死案有什么联系呢？"

根据目前掌握的信息，警方并不清楚辻桥和美保子之间的关系。能引起注意的无非是一些看似平常的细节：其一，辻桥熟悉新宿猫眼石旅馆的建筑结构。其二，和桧川昭住在同一栋公寓。其三，通过照片发现六本木迪斯科发生坠灯事故时，辻桥和古川美保子都在现场。虽有疑似之迹，却一时难以定论。

最后，绝大多数的与会者认为，"宫路淳子绞杀案和宗方史织行刺案的因果关系已经很清楚了，应该先就两案传讯辻桥。”

尽管也有人提出反对意见，认为辻桥的作案动机还不够充分，但协同搜查会议还是采纳了大多数人的意见，决定先由碑文谷警署就淳子绞杀案传讯辻桥。

传讯人员采取混合编制，由水岛和吉原担任主询人，石原和岸担任助理。

会议的决定很快付诸实施，碑文谷警署迅速传讯了辻桥。

水岛和吉原是第二次见辻桥了。

“我们又见面了。”吉原不动声色地向辻桥打了声招呼。

“还是关于宗方史织的事吗？我上次已经把所知道的都告诉你们了。”辻桥若无其事地回应着，但他平静的表面无法掩饰心中的惶恐。

吉原说道：“我们最近又掌握了许多新的情况，有些问题还必须向你核实。”

“哦，我当什么事呢，如果问我不知道的事就难办了。”辻桥的回答很坚决，和上次说什么“尽量配合你们……”的话不同，没有留下任何余地。

“你上次说宗方史织来东京后就再也没有见过面，是吗？”

“是的，我们再也没有见过面。”

“那就怪了，你不是去过宗方史织在新宿打工的‘奥林匹斯’店吗？”

“嗯，也许我去过一次吧。当时没注意到他就在那儿打工。”

吉原放出的第一箭就使辻桥乱了方寸。他继续发问：“据我们所知，宗方史织那时就站在你的座位旁边，你应该知道的。”

“他没有和我们打招呼，我也没想到他会在那儿打工，所以确实没有注意。”

“你说不知道宗方史织死于五月二十五日发生的舞厅坠灯事故，

是吗？”

“我真的不知道。”

“请看看这张照片！”吉原递给辻桥一张摄于事故现场的照片。

“这是什么地方？”辻桥看着照片讶异地抬起头来。

“这是迪斯科舞厅发生坠灯事故后即时拍下的现场照片。里面有你的影像。”

辻桥听了顿时脸色大变，拿着照片的手也在不停地颤抖。

“没错，这张照片的摄影时间就是事故刚发生的时候，摄影周刊的摄影记者已经向我们证实了这一点。你一口咬定当时不知道这起事故，怎么会当时就在现场呢？”吉原的语气开始尖锐起来，两眼闪着严威的光芒。

“我，我……真的不知道宗方史织那时也去了迪斯科舞厅。”辻桥颤声回答。

“你人在事故现场却说不知道这起事故，究竟是为什么？”

“因为我怕受到牵连。再说当时的现场状况很惨，大量的死伤者倒在坠落的大吊灯下面，吓得我赶紧逃跑。所以这事就成了心头的耻辱，不敢去想，也不敢对人说，只好把这事隐瞒起来。”辻桥自以为巧妙地使个花招就能蒙混过关。

“你当时是单独一人还是有其他的同伴？”

“就我一人。”

“是尾随着宗方史织进入迪斯科舞厅的吧？”

“没有这回事，我根本不知道他也在同一家舞厅，我去那儿纯属偶然。”

“你经常一人去迪斯科舞厅吗？”

“我喜欢迪斯科的音乐和节奏，经常一人去迪斯科舞厅。”

“那么你和迪斯科舞厅的人都混得很熟喽？”

“虽然去的次数较多，但还没到混得很熟的地步，六本木的

‘麦比乌斯’迪斯科舞厅还是第一次去，因为那家舞厅刚开张，年轻人都喜欢去那儿，所以就慕名去了一次。”辻桥一边说一边轻松地站起身来。

“关于宗方史织的事，你对我们撒下了弥天大谎。说什么宗方史织来东京后再也没有见过面，纯粹是一派胡言！据我们所知，你们至少有两次见面的机会。第一次在‘奥林匹斯’店，第二次就在迪斯科舞厅，罪犯在那儿行刺了宗方史织，你当时就在现场，这怎么解释呢？”吉原毫不客气地层层紧逼。

“你说我和宗方史织在同一个迪斯科舞厅，两人必然见面，但我确实没见到他，请不要光凭想象捏造我是行刺他的罪犯。”

“那个舞厅并不大，许多人同时在舞池里跳迪斯科，你们应该能见面的。”

“那是你的想象。当时舞池里的人太多，我没有进去，这才避免了坠灯之灾。”

“从照片上看，你处的位置就在坠灯的内侧，也就是舞池里面，否则就拍不出这样的照片。你能说是事故发生后，跨过坠灯进去的吗？”

“也许我当时心里也很着急，想进去救人吧。”

“坠落的照明灯很高，不是那么容易能跨过去的。你刚才说，对现场死伤的惨况很害怕，就拼命地逃离了现场。你的解释和刚才的说法不是有矛盾吗？”

“我当时吓昏了，自己做了什么也搞不清楚，逃到舞厅外面后才清醒过来。”

辻桥像被逼入墙角的乌龟狼狈地趴着，伸头也不是，缩头也不行。

“你还制造了一个谎言！”水岛终于开口说道。

“什么谎言？”辻桥一听到水岛暗藏玄机的话语，脸上又露出不安的神色。

“你说过不知道宫路淳子的事，对吗？”

“对不起，我是知道她被杀的事件，但我不想受到牵连，所以就说不知道。”

辻桥这次倒是痛痛快快地承认了。也许他感到在去“奥林匹斯”店的问题上自己已经无法摆脱和宫路淳子的干系。

“你和宫路淳子是什么关系？”

“我和她是在一个舞蹈团体中认识的，以后就有了成人之间的来往。”

“听说你们有了肉体上的关系？”

“既然是成人关系，就不可能那般纯洁无瑕，但我们始终保持着‘玩玩而已’的关系。”辻桥恢复了正常，似乎意识到自己还没有到完全绝望的地步。

“在宫路淳子被害的夜晚，也就是晚上九点半到零点的时间段，你在哪儿？”

“你的意思是问我在不在现场？哎呀，时间一长我就记不清了。”

“请你好好回忆一下，这事的发生离现在时间并不长，既然和她有‘成人的关系’，如今她被杀害了，作为她的关系者应该要有当时不在现场的证明。”

“记得那晚没有什么约会，一直待在家里。看了一会儿电视就睡觉了。”

“那晚有没有人来你家，或者有没有人打电话给你？”

“好像没有。我这样回答能证明自己不在现场吗？”辻桥转守为攻地反问道。

“好吧，你的意思已经很清楚了。”水岛话锋一转，“你认识古川美保子吗？”

“认识。”

原以为辻桥会矢口否认，没想到他痛快地承认了。

“你是怎么认识她的？”

“她常常来我的邻居桧川昭家里。”

“你怎么连她的名字都记得那么清楚？”

“因为我在一只装着家庭垃圾的纸板箱里发现了违反规定的垃圾。纸板箱上贴着写有她姓名住址的纸条，我作为公寓自治会的负责人曾经打电话提醒过她。”

“为什么不直接去提醒你的邻居桧川昭呢？”

“因为装垃圾的纸板箱上贴着有她姓名和住址的纸条，所以就去提醒她了。至于这些垃圾是不是桧川昭的我没去追究。”

“你没有检查那些垃圾吗？”

“没有。这样做太失礼了。”

“古川美保子在新宿的一家旅馆被害了，你知道这事吗？”

“是他杀吗？记得报纸上写的是‘死因不明’。”

“报纸上是没有这样写，但她确实死于他杀。”

“可怜哪。那样美貌的女子被杀害了，真是天理难容。”

两位警官充耳不闻辻桥虚假的叹息，继续发问：“对于古川美保子的死，你有什么线索吗？”

“我不可能有那样的线索。”辻桥显出很激愤的样态。

水岛又问，“听说你把会津若松的中央旅馆也选入了你编写的《全国最佳旅馆 100 例》，有这事吗？”

“是的，是我把中央旅馆选入的。”辻桥口里这样回答，眉宇间却显露出“你问这个干什么？”的疑问。

“前天，你在电视画面上出现，担任了电视纪录片《会津纪行》的访问记者，听你的口气好像并不熟悉那家旅馆。这是为什么？”

“这是电视台要求的演技，我经常这样做的。”辻桥的回答果然不出所料。

“会津若松的中央旅馆和新宿的旅馆的建筑风格完全相同，你知道吗？”

“你问的是新宿的哪家旅馆？”辻桥巧妙地避开了水岛布下的诱导雷区。

“古川美保子被害的旅馆是新宿猫眼石旅馆，这家旅馆也被你选入了《全国最佳旅馆100例》。”

“这和古川美保子的被害案件没什么关系吧？”

“现在还不能说有没有关系，只是你在书中说这两家旅馆的建筑设计很奇特，所以就记住了。请问，你住过新宿的猫眼石旅馆吗？”

“在编写《全国最佳旅馆100例》时，为采集素材去那家旅馆住过。”

“只是那个时候吗？”

“是的。”

“我再问一个问题。八月十三日夜晚，你在哪儿？”

“八月十三日？你又要我拿出不在现场的证明吗？”

“只是作为参考而已。”

“你这样问让我很不愉快，每天晚上在什么地方？我怎么能记得清楚？”

“那一天离现在没过多少日子，请务必回忆一下。”

“八月十三日也没有特别的约会，一直待在家里。”

“拿什么来证明呢？”

“我待在家里还得证明吗？”

“因为你无法说清和该案没有关系。”

“也许我不能说和宫路淳子以及宗方史织没有关系，但和古川美保子真的没有任何关系。”

“我什么时候问你和古川美保子有关系？”水岛及时地抓住了对方的破绽。

辻桥的脸色变了，他意识到自己不小心踏到了水岛预埋的“雷区”。

水岛继续发问：“我只是问你八月十三日晚上在什么地方，你既然和古川美保子没有关系，为什么要和她联系起来呢？”

“你这是使诈！”辻桥气急败坏地说道，“你是在告诉我古川美保子被害之后才提这个问题的，还问我有没有不在现场的证明，所以我就认定你是在问及我和她的关系。我看过报纸，知道古川美保子的被害日期就是八月十三日。”

“你居然这样关心一个没有关系的女人，连她被害的日期都记得那么清楚。”

“这不奇怪，是你让我回忆起来的。”

经过一番谈话，辻桥均不能证明在宫路淳子被杀案和宗方史织遇刺案以及古川美保子横死案发生的时候自己不在现场。不过，虽然他的犯罪嫌疑很大，但还没到拘捕的程度。苦于缺少过硬的作案证据，警方不得不继续殚精竭虑地思考着破案的对策。

第十七章

1

十月十二日下午,有人将JR山手线列车车厢内的一件遗留物送到新宿车站的东口派出所,那是一个布制的绿色背包。

来人曾是这列列车的乘客。他说：“八月中旬我乘坐JR山手线列车外出，顺手把背包放在车厢内的网架上，拿回家后也没多注意。今天偶然发现包里的东西不对，才知道这只背包不是我的。因为后来一直没有再使用这只背包，所以拖到今天才发觉，赶紧把它送到这儿来。也许当时列车的网架上并排放着两只样式相同的背包，被人拿错了，把他的背包留给了我。我的包不值钱，里面也没有重要的物品，只是那个拿错背包的人一定会很着急，请你们务必代我还给他。”

派出所的警员为了寻找失主的线索，立刻打开了背包，发现包里装着几本旅行导游书、杂志，一只印着杂志社名称的信封里放着一支校样用的红笔，还有名片、稿纸、文具、钥匙、手帕等杂物。导游书和杂志的校样上写着责任人的名字：辻桥基男。

“噢，他会不会是时下人气正旺的旅行作家？”警员中有人知道个名字。

一个警员眼尖地看到那把钥匙，顺口说道：“钥匙牌上写着新宿猫眼石旅馆的名称，原来是旅馆客房的钥匙。”

另一个警员马上警觉起来，“如果是新宿猫眼石旅馆的话就有问题了，那家旅馆不久前刚发生过一起年轻女人横死的案件。”

“对了，听说那个辻桥基男还作为知情者被新宿警署传讯过呢。”

由于是火车站的派出所，警员们对担当之外的案情只知道个大概。不过他们的动作也很快，马上把这只可疑的背包转到新宿警署的搜查本部。

搜查本部的负责人当即查看了背包里的相关物品，意外地发现那只新宿猫眼石旅馆的客房钥匙牌上打着703客房的记号，他感到此事意义重大，仿佛在漫长的黑夜中看到了一缕希望的曙光。

于是，搜查本部立刻行动起来，一边派人到新宿猫眼石旅馆核实房号，一边召开了三警署的协同搜查会议，对这只可疑背包里的各种物品进行逐项分析、比对，终于得出了辻桥基男是杀害古川美保子的重大犯罪嫌疑人的结论。

搜查本部迅速向警署提出了逮捕辻桥的申请，立刻得到了批准。

2

警方逮捕了辻桥基男，将其带入新宿警署。辻桥脸部抽搐着，还显得比较镇定。上一次受到碑文谷警署传讯时，尽管已被逼到墙角，最后还是侥幸地逃脱了。所以他对这次逮捕并不在意，自以为很有信心来对付搜查本部的警官们。

“这是你的遗留物，请仔细看看。”牛尾把一只绿色背包放在辻桥的面前。辻桥一看就知道这是自己的背包。两个月前，他在 JR 山手线的列车车厢内错拿了另一只相似的背包，心里非常懊恼，正在多方打听自己背包的下落。

“我们为了寻找失主的线索，不得不打开背包查看，从里面发现了一个有趣的物件。”牛尾从塑料袋里拿出一把钥匙。

辻桥怔怔地看着，不知道对方的用意。

“这是一把旅馆的客房钥匙。我们已到那家旅馆查询过了，旅馆的服务台人员说这把 703 客房的钥匙是八月十三日的住宿客人中冈慎一拿走的，为什么这把钥匙会放在你的背包里呢？”牛尾咄咄逼人地发问。

“我不知道，为什么会有这把钥匙真不知道。”辻桥喃喃地回答。

“如果你没做亏心事，即使在八月十三日晚上使用化名入住 703 客房也没关系，但是你的入住恰恰包藏着祸心。你在 801 客房作案后，把绳索串在房门的 U 形螺栓上，然后手攥着绳索从 801 客房通过消防员救助口逃往 703 客房，完成了所谓的‘密室作案’。你自以为手段高明，做得天衣无缝，就把那把必须丢弃的房门钥匙放入背包，悄悄地离开了旅馆。因为你太自信了，认为我们警察绝不会把 801 客房发生的案件和 703 客房联系起来。”

“即使我拿走了703客房的钥匙，也不能说明我和那起案件有关系。我不过是恰巧在八月十三日住进旅馆。如果按照你的说法，那么当晚住店的旅客都有作案的可能。”辻桥明知狡辩会带来重大的风险，仍然不顾一切地抵赖着。

牛尾默默地看着他，不露声色地开口道：“你的密室作案确实技艺高超，我们就是解开了密室作案之谜也未必能把你和罪犯联系起来。不过，你最大的毛病就是对密室作案过于自信，这反而变成了自掘坟墓的愚蠢，犯下了致命的错误！”

“我究竟犯了什么错误？”

“我们在背包里还发现了一个很有价值的物件。这个物件本来就是你的，所以就一直随带着，不舍得丢弃。”牛尾在辻桥的面前展开了一块部分染成了淡红色的手帕，“这块手帕是你的吧？上面还残留着氯仿的气味。那淡红色应该是古川美保子的口红吧？我们通过鉴定，认为从手帕上的唾液分析出的血型和古川美保子的血型完全一致，那淡红色的成分也和古川美保子使用的口红没有差别。”

至此，辻桥彻底失去了狡辩的能力。

“你完美地制造了803客房的‘密室’状态，简直无懈可击。问题是那些只有‘密室’里才有的东西为什么会出现在你的背包里呢？这和完美的‘密室作案’岂不产生了极大的矛盾？既然罪犯只能从801客房逃往703客房，那些留着803室客人印记的东西只能是住在703客房的你去那儿带出来的。”

辻桥沮丧地低下了头，他已经完全听不进牛尾说的那些犀利的语言……

3

辻桥开始了他的犯罪供述。

“是我杀害了古川美保子。打开了客房的房门后，我首先用浸了氯仿的手帕捂住了美保子的口鼻，消除了她的抵抗，然后把她放到床上，用被子严密地盖住她的头部使之窒息死亡。作案后，为了制造美保子自杀的假象，我就采用你刚才描述的方法，从 801 客房的现场逃到 703 客房，顺利地完成了‘密室犯罪’。”

“如果当时的 801 客房和 703 客房都有客人入住了，你打算怎么办呢？”

“最初并没有想到‘密室犯罪’。只是听说她那天晚上入住 801 客房后，我才想到了‘密室犯罪’的方法，如果能够得逞，也许能成功地制造出美保子自杀或事故死亡的假象。即使 801 客房和 703 客房被其他客人占用了，只要有其他相同对应位置的客房空着，依然可以采用‘密室犯罪’的方法。”

“这个‘密室犯罪’的方法是临时想出来的吗？”

“不是这样的。我原本就喜欢看推理小说，甚至还设想了各种各样的犯罪方法和手段，准备将来有机会也写一本推理小说。在住宿会津若松的中央旅馆时，我就注意到这个旅馆的特殊建筑结构，还想到了实施‘密室犯罪’的预案。”

“是你邀请古川美保子入住新宿的猫眼石旅馆的？”

“我没有邀请她，是她和桧川昭当夜在那家旅馆有约会。”

“据调查，桧川昭那天夜晚确实住在冲绳。”

“是桧川昭故意欺骗她的。”

“难道桧川昭是你实施犯罪的共犯吗？”

“是桧川昭拜托我杀害美保子的。不对，是他直接命令我干的。”

“这是为什么？”

“因为我和宫路淳子长期保持着不正当的男女关系，甚至想公开结婚。淳子是个很有手段和魅力的女人，会使所有喜欢她的男人为之疯狂。我就是中毒最深的男人，一直想独占她的身体，她也同意和我结婚。五月十二日夜晚，当我去淳子住所的时候，正好看见史织离开她的家。虽然我机警地躲在黑暗之处，但心里直打鼓，不敢保证他没发现我。进了淳子的房间后，果然不出我所料，只见她鬓发不整，满脸潮红，一副情事之后的模样。我当时气极了，警告她我们马上就要结婚了，她必须停止和其他人发生不正当的关系，可是淳子却不买我的账，说她追求自由身，爱和谁来往就和谁来往。于是我们发生了激烈的争吵，我在盛怒之下拿来起一根腰带当场绞杀了她。逃离了淳子的住所之后，我又想起了刚才见到的史织，他当时会不会看到我呢？如果他知道淳子死亡的消息后，一定会认为是我干的。后来我发现史织并没有去报警。警方的搜查工作也很缓慢，似乎滑入了错误的方向。就在我刚松了一口气的时候，突然接到了史织打来的电话。说自己想盘下打工的店，想向我借钱。我立刻知道了他的用意，这是明目张胆的恐吓和敲诈，他果然在那天晚上看到了我。一想到今后还会不断受到他的敲诈，我痛苦得几乎陷落了绝境。尽管如此，我对他还没产生杀意，只是一口回绝了他的借钱要求。因为一旦把钱借给他，就会彻底暴露自己的弱点，引来更大的灾难。此后，史织再也没有打电话来，也不知道他到底是怎么想的。后来听说淳子的死给他带来很大的打击，他不再去店里打工，整天过着游手好闲的生活。五月二十六日晚上，我在六本木偶然看见了他。唉，现在说什么都晚了。如果不是那次偶然，我就不会去行刺史织，更不会去谋杀古川美保子了。那天晚上，我在电视台录制节目后出来，走到六本木街区的时候，偶然见到了那个心神不定，目不旁视的史织。我赶紧戴上墨镜悄悄地在他后面尾随而行。见他懒散地走进那家迪斯科舞厅，我也跟着走了进去。我悄悄地打量了舞厅内部的情况，发现这是个暗杀史织的绝佳场所。因为四周都是陌生的舞客，没有人会认识我。这时候，舞池里挤满了疯狂的跳舞客人，跳贴面舞时一片黑暗。我想起口袋里正好有一把电视台员工送给我的瑞士产的万能小刀，心头升起了一种前所未有的杀气。当时我完全顾不得了，舞厅里的强刺激音乐和疯狂的舞蹈节奏彻底麻痹了我的理性，凶暴的热血在全身不停地沸腾。我把手伸进口袋里，紧紧地握着小刀等待下手的机会。很快又到了跳贴面舞的时间，乐曲开始变得浪漫、舒缓，舞池的灯光霎时熄灭了。就在这难得的一瞬间，一直躲在史织背后的我毫不犹豫地拔出小刀，猛然刺入他的腰窝。我之所以没有用刀直接刺他的后背，是为了避免他的血溅到我身上。就在这时候，那架高悬头上的巨大环形吊灯突然坠落下来，差点儿击中我的身体，幸好我躲避及时，总算逃过一劫，而史织则被巨大的坠灯击倒在地上。我原准备行刺后看看他的反应，确认是否刺中了要害，没想到他被坠灯击碎了脑袋……刹那间，我感到茫然不知所措。待到清醒时，终于感到这儿太危险了，赶紧逃离了现场，但我最担心的事还是发生了。原以为没有人知道我的犯罪行为，谁知却让住在同一栋公寓的桧川昭看见了。事后他说当时不仅注意到了我，还看到我的一连串奇怪的动作：吊灯坠落之前，我悄悄地接近史织的背后，灯灭的一瞬间，我迅速地拔刀行刺。我不相信桧川昭的说法，但他坚持说自己的视力特好，是罕见的'夜视眼'。我当时很恐慌，哀求他千万要替我保密，但他趁机提出了作为交换的条件。说：'保密可以，你要帮我杀了古川美保子……'他还说美保子已经怀孕了，这个女人很固执，说生多少孩子都可以，就是要一生不离开他。桧川昭曾想通过花钱解决问题，但是美保子不同意，威胁说要是不同意自己的要求，就把他做的一切勾当都说出去。桧川昭一听就慌了，因为和五百藏家族的关系不是自己一个人的，还牵涉父亲的政治生命。将来自己和父亲都要在政治上大展身手，怎么能容忍一个低贱的女招待来搅了好事呢？所以他命令我必须除掉美保子，还答应给我丰厚的酬劳和帮助。说自己和父亲都很快会成为很有权势的政治家，如果没有他们这把大伞的庇护，我将犯下终身大错。在桧川昭的威逼利诱之下，我再次成了杀人的恶魔。就在桧川昭去了冲绳，确保不在现场的情况下，我悄悄地去了新宿的猫眼石旅馆，残忍地杀害了正在那儿痴等着和桧川昭幽会的美保子。由于我和美保子没有任何关系，所以警方对她的搜查我毫不担心。作案时，我对美保子说我是桧川昭派来有事相告的，所以她就毫无戒心地开了房门。我一进入房内，就用浸过氯仿的手帕捂住了她的口鼻，然后使其窒息而死。为了保险起见，我采用了精心谋划的'密室犯罪'方法，具体的细节已经说过了，在此不再重复。说老实话，当时真没注意自己把 703 客房的钥匙也带走了。当时因为情况紧急，我趁服务人员不注意的时候悄然脱身，所以故意避开服务台，无意中把钥匙留在自己的背包里。忙乱之中，我还没来得及丢弃那把钥匙就匆匆地乘上了 JR 列车。我没想到车厢的网架上还放着另一只相同样式的背包，结果错拿了别人的背包，犯下了追悔莫及的错误。如果当时乘出租汽车就好了，至少不会发生这样的糗事。不过事情总有两个方面，让出租车司机看见我那慌张的样子岂不更糟？我当时想起了中国的一句古话'天网恢恢，疏而不漏'。总觉得到处都有眼睛盯着，到处都张着大网等着我。现在回想起来，冥冥之中一切都有安排。如果当年去会津旅行的时候没有遇见史织，就不会有后来绞杀宫路淳子的命案，也不会接二连三地去杀害史织和美保子。当我后来听到史织信了我的醉话，真的来东京闯荡的消息时，心里有了一种不祥的预感，现在果然验证了，也许他就是背负着会津的历史怨念来向东京、向我和整个社会报复的使徒。不，他就是来勾我魂的无常小鬼！”

辻桥痛快地招供了一切罪孽，如释重负地瘫软了身子。

警方根据辻桥的供词，传讯了桧川昭，在他招供之后，正式将其逮捕。

不过，桧川昭在关键的时候又耍起了无赖，“我根本没有命令辻桥去杀美保子，倒是辻桥曾经暗恋美保子，看到她倒掉的垃圾后，就到她的家里啰里啰唆地纠缠不休。这次也是他故技重演，跑到美保子住宿的旅馆去威逼利诱，一不顺心就杀了她。我绝不可能唆使他去干那种坏事的。”

桧川昭的辩解虽然很无力，但还是很有用的。因为目前只有辻桥的口供显示了两人的特殊关系，死了的美保子已无法开口，就是活着也无法证明他对自己怀有杀意。就在这时候，警方的高层传来了“对桧川昭的调查要慎重，再慎重”的指示，以委婉的方式命令中止搜查。协同搜查本部却对此案感到颇为棘手，桧川昭受到了权力盾牌的庇护，随时有逃避罪责的可能。

于是，协同搜查本部召开了三警署搜查负责人的紧急会议，商讨破案的对策。

牛尾率先严肃地开了一炮：“我的意见是排除干扰，下定决心解决问题，绝不能让真正的罪犯逍遥法外。”

“真是手段高超的犯罪。明明知道他就是犯罪的主谋，就是无法出手，真憋气！”吉原喝了一口茶，感叹道。

“我看问题并不简单，也许桧川昭的父亲也参与其间。”水岛望着会议室的天花板，像似自言自语地说道。

“桧川昭的父亲？难道桧川兴隆也是共犯？”与会者都惊愕地看着水岛。

水岛缓缓地说道：“这是我的猜测，觉得还是有根据的。桧川兴隆为了维持和五百藏家族的关系，一定要实现他的政治野心。偏偏在这个时候，他知道了儿子和古川美保子的关系，还知道美保子怀上了儿子的孩子。一个低贱的女招待有可能成了他和儿子实现政治野心的最大障碍。为了保证和五百藏家族的关系不出差错，他必须要排除一切危险因素。所以命令儿子尽快设法解决。能用金钱摆平就用金钱，不能用金钱的就想别的手段。于是，桧川昭在碰壁之后就命令辻桥去杀害美保子。他认为这是最好的人选和处理方法。一则辻桥有把柄落在他的手中，不得不乖乖听命；二则辻桥和美保子没有任何关系，警方破案必定大费周折，白白浪费许多时间；三则自己有过硬的不在现场的证明，即使辻桥被捕了也无碍大局，自己照样可以东山再起。”

水岛的推理获得了同行们的一致认同。

吉原发出一声感叹：“水岛的设想很有意思，很透彻，很有说服力。”

“当权力成为罪犯的共犯时，往往会让人感到无能为力。但这次不同了，我们一定要做坚决的斗争！”牛尾的话语铿锵有力，似乎成了这次会议的最后结论。

4

当宫路弘之从报上看到警方破案的消息后，津村突然来到了他的家。

“罪犯终于落网了！”津村露出了难得的笑容。

宫路说：“我没想到辻桥基男竟然是杀害淳子的凶手。”

津村问：“我在现场拿到的那张会津大名府的参观券票根是辻桥带来的吗？”

宫路摇摇头：“不是他，一定是史织带来的。”

“那为什么呢？”

“我也不知道为什么，也许是邀请淳子去会津旅游吧。”

“听说史织的老家离大名府很近哪。”

“不对。他的老家在藩校日新馆附近，而大名府靠近东山。”

“也许史织来到东京后也没忘记自己的家乡。”

“是啊，他是会津人，也找到了自己的归宿。”

“我有一事不明。如果辻桥进不了美保子住宿的801客房，他会怎么办呢？”

“也有可能在801客房以外的地方实施犯罪。只要有类似对应的客房，依然可以制造‘密室犯罪’，再说他事先就预测到美保子会住801客房。”

“他是怎么知道的？”

“因为美保子和桧川昭去郡上八幡旅行时就住在旅馆的801客房。他们在那儿知道了凌霜队的事迹后又相约去会津若松旅游。但后来由于发生了桧川昭与大臣的次女订婚之事，桧川昭就没有实现许下的诺言。美保子不得不单独一人去了会津若松，并住在若松中央旅馆的801客房。在她的意识中，去会津若松只不过是郡上八幡的延续，她是伴着桧川昭的幻影一起去的。所以当她入住与若松中央旅馆完全相同的新宿猫眼石旅馆时，住801客房不就是理所当然的吗？”

津村恍然大悟：“如此说来，辻桥是从桧川昭的口中得知美保子住801客房的事，然后做出了‘密室犯罪’的预案。”

宫路点点头，“正是如此，否则他是无法临时找到攀爬绳索的。”

“可怜的美保子！”

“她是抱着桧川昭的幻影被害的。”宫路不禁想起当时给住在东山温泉旅馆的美保子打电话时，她在电话里好像带着哭音，那个可恶的罪犯就是利用她的痴情借他人之手设下了“密室犯罪”的毒计。

由于自己曾经的妻子淳子被害，掀起了一阵腥风血雨，继宗方史织之后，古川美保子成了第三个牺牲者。想到此，宫路神情黯然。如果当时不和淳子分居，她的死本是可以预防的。

也许把淳子逐出家门的是自己心爱的蚕。淳子清楚地知道她和蚕已经处于势不两立的地步，必须由丈夫做出二选一的选择，可惜自己最后还是选择了蚕。

也许就是这个原因造成了淳子的堕落，她败于蚕之后，悔恨交集，索性与多名男子发生了不正当的男女关系。由此想来，自己和津村的关系也很微妙，居然和一个与自己妻子偷情的男人结成了统一战线。

不过，随着罪犯的落网，两人的统一战线也将宣告结束。

“我今天来是因为突然想起了一件事。”津村怯生生地说道。

“什么事？”宫路一脸的疑惑。

“尊夫人活着的时候，我曾以试验新车的名义，驾车带她去了一次信州。”

“哦……”

“半路上我们去一家食堂用餐，吃到特别鲜美的卷心菜。”

“卷心菜？！”

“是的，不知道尊夫人出于什么用意，她对种植这种卷心菜的情况问得特别仔细，最后特意买了一箱卷心菜交给我，说是买给先生宫路的礼物，要我以后抽空送给你。回去后不久就发生了尊夫人的被害事件，我把这事也完全忘了。时间一长，那箱卷心菜也烂掉了。我这次特意叫那儿的种植户又送来一箱相同品种的卷心菜，顺便送到你这儿来。”

津村说着，把一只外面印着“无农药高原蔬菜”的纸板箱交给宫路。

“这就是淳子买的那种卷心菜吗？”

“都怪我，这么晚才送来，实在对不起。”

津村回去后，宫路从纸板箱里取出了卷心菜。卷心菜看上去很新鲜，手感也非常柔软。宫路细心地一片一片地剥下卷心菜叶子，撒在养蚕箱里。为了能让蚕自由选择，他特意把卷心菜叶和桑叶分开放，不混在一起。

“你们好好吃吧！”宫路百感交集地说了一声。

那些一直吃桑叶的蚕立刻一起移向卷心菜叶子，贪婪地吃了起来。

经过几天的细心观察，宫路发现蚕没有任何异变，而且食欲越来越好。

“淳子，你……”宫路呆呆地站立着，手拿着妻子赠送的礼物，回想起她生前没受自己注意的温柔体贴的一面，盈眶的泪水潸然而下……

黄雀的盛宴

（日）大石值纪

序

奶奶是个骗子。

她不是电影或电视里出现的那些瞬间就能骗到巨款的大骗子，每次到手的只有区区一百七十日元，我们祖孙俩就靠微薄的诈骗收入过着贫困的生活。

奶奶的“工作场所”是京都市内的一座桥。它不在繁华的市中心，也不在时常引起警察注意的三条大桥或四条大桥，而是一座远离闹市、行人稀少的大桥。

不过这座桥还是颇有名气的，它离三条大桥只有两公里远，是位于鸭川北侧的贺茂大桥。站在桥上瞭望，能够一览无余地看到著名的“大文字山”和比叡山，桥的北面是下鸭神社，神社的西边是京都御苑，四周聚集的观光游客都尽收眼底。

每天，奶奶就在这座不足百米长的桥上来回走着，每个来回大约半小时。她手里提着一个破旧的小包，瘸着一只脚，不停地对过往的行人絮叨：“行行好！”

她的声音很轻，满脸的悲戚，谁见了都会忍不住看她一眼。

大多数人都会熟视无睹地走过去，偶尔有人停下脚步。

这时候，奶奶就会不失时机地上前诉苦：“我的钱包丢了，里面没有大钱，也没有值钱的东西，只是没钱买车票回去了，您能借我一百七十日元的车票钱吗？”

奶奶穿的毛衣已经起了球，脚上的鞋子也破损了，但没有一点邋遢之感。尽管不化妆，表情有些阴暗，却仍然保持着老年人应有的风度，如果看得仔细，还会依稀发现她那高雅、端庄的面容痕迹。

讲完了这番话后，奶奶就默默地等待着对方的反应。

有的人含糊其词地敷衍着扬长而去，也有的人同情地掏出了钱。

我四岁起就和奶奶相依为命，头脑里几乎没有父母的记忆。一生下来，父亲就消失了，三岁的时候，母亲也出走了，据说是和她所在夜总会的一个常客私奔了。从此，他们再也没有和家里有过联系。

我在儿童养护所生活了一段时间后，终于被奶奶领回了家。奶奶的家是一间只有六张榻榻米大小的公寓房，古旧的衣柜上端放着爷爷的遗像，他是在我出生的那一年去世的。

当时，奶奶的生活很不稳定，不断地变换着工作，干的时间都不长，主要原因是手脚不干净。她先后在超市、药房、副食品店工作，时常将将一些过了赏味期的食品、试用的化妆品、多余的料理偷偷地拿出去卖给熟人。虽然这些行为足以被企业开除，但奶奶很聪明，每次都在事发前辞职不干，然后在新的岗位重操旧业。

奶奶懂得健康食品法，口齿又伶俐，她的“地下生意”一直很好，向附近的居民卖出了高额的商品。但是纸终究包不住火，当被害人知道了奶奶的欺诈行为后，愤怒地把她扭送到警署，闹出了很大的风波。

事后，奶奶一直不服气，常常愤愤不平地说：“我才是被害人哪！”

她嘴上这么说，心里还是为赚了这么多昧心钱而高兴。

奶奶非常喜欢金银珠宝首饰，常常戴着新买的戒指项链炫耀，对着镜子得意地摆造型。

发生了欺诈风波后，奶奶老实了一阵子。因为市福祉科的职员专门来过我家警告奶奶不可再犯，否则就把我重新带回儿童养护所。于是，奶奶开始了每天定时清扫大楼的工作，虽然干得很认真，但也没有坚持多久，据说她实在忍受不了别人大便时发出的臭气。

几个月后，奶奶说不干了，就此开始了站在桥上行骗的生涯。

奶奶出门的时候，我就老老实实地待在家里，一边啃着糕点、面包充饥，一边看电视或者画画。这样的生活并不痛苦，我甚至喜欢一人独处。一想到奶奶回来时会带来好吃的面丸子、炒面和布丁，心里就充满着快乐和期待。

奶奶经常带我外出。在她“工作”的时候，我就自由地消磨时间。有时候坐在河边，随意地在速写本上画画，有时候去附近的商店街逛逛，好不惬意。

奶奶在桥上来回走过多次后，偶尔也会换个地方碰碰运气。

她只有五十岁的年纪，为了“工作”不得不长时间地装出老婆婆的模样，所以下了桥就拼命地舒展筋骨，试图缓解“工作”积累的极度疲劳。

和我待在一起，是奶奶最开心的时候。白天，她带着我去便利店买盒饭，坐在路边的条凳上快乐地用餐。有时候，她也带我去超市，偷偷地把一些巧克力和小甜饼放进包里，然后神色坦然地走出超市。那时候，我的嘴巴里塞满了偷吃的糕点，默默地为奶奶望风。

奶奶的收入不稳定，一天少则三千日元，多则八千日元。遇到运气好的时候，祖孙俩就在回家的路上拐进一家小食堂打牙祭。什么中国汤面啦蛋卷米饭啦干炸食品啦通通一扫而光，奶奶还有滋有味地喝起了啤酒。

和奶奶在一起的生活十分快乐，要是能一直这样下去就好了。但是天有不测风云，奶奶在桥上行骗半年之后，这样的快乐生活突然宣告结束了。

那一天，晴空万里，秋阳高照。我坐在河边步行通道的条凳上，一边看着奶奶在桥上步履蹒跚的样态，一边用有色铅笔在速写本上描画。突然，一个穿着粉红色的迷你裙、脸上化着浓妆的年轻女人走了过来，她刚才去前面的电话亭里打电话，返回来时偶然地看了我一眼，我当时根本没有注意到她的举动。

那个女人站在我的旁边，目光很自然地落在速写本上。她又抬头仰望着数米高的桥面，因为我正画着在桥上走动的奶奶形象。

那个女人问："桥上的老太太是你的奶奶吗？"

我紧张得屏住了呼吸。奶奶告诫过我，她在桥面的时候，绝不能承认和她的关系。

我默默地摇摇头。

那个女人尖刻地笑了，指了指速写本，"那你为什么要画她？"

我依然拼命地摇头。

奶奶站在离我条凳仅十米远的桥面上，背对着我，正慢慢地走向桥的对面，根本不知道桥下面发生的事。

"对不起，打搅了，我恨这个老太婆！"那个女人轻轻地说了一声。

这时候，我看见一个骑着自行车的警察在奶奶的身边下了车，脸上的表情很严肃。

刹那间，我吓得直不起腰来，放在膝盖上的速写本也滑落在地上。我的心在剧烈地悸动着，呼吸越来越急促，一时不知道该怎么办。

不知不觉间，身边的那个女人消失了。当我回过头去，只看到她远去的背影。我终于明白了，就是那个女人把警察叫来的。

我呆呆地站立着。那个警察讶异地看着我，和奶奶不停地说着什么。奶奶低着头，偶尔斜过眼来看我一眼，絮絮叨叨地讲着。他们一定在谈论我的事。

警察的脸色顿时变了。就在这一瞬间，我终于明白再也无法和奶奶一起生活了。

我捡起掉在脚下的速写本，慢慢地合拢起来……

我和奶奶分开了，再次进入儿童养护所。

“警察先生对我说了，只要我今后认真干活，还会同意我把你领出来的。”临行前，奶奶这样安慰我。

我乖乖地点着头，心里很明白，这一天再也不会来了。

此时，我的头脑里突然有了新的梦想：将来离开了儿童养护所后，一定要好好陪伴奶奶，我要赚很多钱，和奶奶一起过上豪华的生活。

随着年龄的增长，我渐渐觉得自己比奶奶更能胜任行骗，我要在奶奶面前露一手，证明自己多有能耐，稍稍动一下脑筋就能把人骗了。

我一直在苦苦地思考着，有什么好办法行骗呢？既不被警察抓住，又能一次到手几十万甚至几百万日元的巨款。为了达到这个目的，我整天待在图书馆里大量阅读有关欺诈事件的新闻报道和小说，越读越觉得行骗并不可恶，受骗才是笨蛋。

从学校毕业后，我去了广岛一家规模很小的建筑公司工作，一个人住在公司的宿舍里，开始了独立的生活。我给奶奶打了招呼，请她再耐心地等待一段时间。

两年来，我省吃俭用地攒下了两百万日元的存款，有了“工作”

的启动资金。

我终于成了一名骗子。

1

竹田美代子穿着巫女的衣袍，回过头去看着那些虔诚祈祷的人群。

这个由旧仓库改造的道场有二十坪的面积，现有二十多名教徒在场，半数以上是超过七十岁的老婆婆，剩下的是一些三十岁到六十岁的中老妇女，没有一个男性。

四周点燃的蜡烛冒出耀眼的火光，教徒们的身上染上了蓝白的色彩，她们浑身颤抖地双手合十，聚精会神地默念着祈祷的经文，自以为只要不断地默念经文，就能得到梦想的利益，其实根本做不到，这些经文不过是美代子自创的惑众词句。

教徒们的前面是一座镀金的祭坛，供奉着一个蚕形绿色大虫的模型。祭坛的上方还挂着一块写作“常世教”的匾额。

据《日本书纪》记载，在飞鸟时代的七世纪中叶，静冈县的富士川附近曾流行一种名为“常世神”的新兴宗教，把凤蝶的幼虫奉若神明，大肆宣扬“只要祭拜那个神，贫者就能暴富，老人就能返老还童”的谬论。教主大生部多竭力迷惑广大教徒，推行“为了实现梦想，必须散尽家产奉教”的邪说，造成许多教徒争先恐后地向“常世教”献钱献物的闹剧，就像现在风行的邪教那样。

其后，圣德太子的近臣秦河胜率人消灭了这种邪教。秦氏来自外邦，以传授养蚕和丝绸技术出名，由于他消灭了“常世神”，许多人都把他神化了。

如今，京都市的太秦、河胜一带是和秦氏家族有着很深因缘的地区，集中了许多秦氏的遗迹和供奉的寺庙。美代子正是利用这个地域特点设下了宗教欺诈的圈套。

以秦河胜的子孙当教主，大生部多的子孙当巫女，具有太秦之地万能灵力的两个人在一千三百七十年后奇迹般地走在了一起。两个历史宿敌为了解救痛苦缠绕的百姓，决心放弃往昔的恩仇联合起来，由此诞生了超神力的“常世教”。

虽然有人认为这是愚蠢的产物，但也有人对此深信不疑，有人对“历史人物子孙”的头衔并不崇拜，但对荒诞不经的传闻却大感兴趣，甚至忘了对它的初始怀疑。

人啊，还是那么容易受骗上当。

当然，美代子并不是大生部多的子孙，教祖佐原芳雄也是个冒牌货。这个四十五岁的男子原是一家商社的职员，和妻子迷于赌博不能自拔，最后因贪污公款被公司解雇了。为了躲避高利贷债主的逼债，不得不从东京逃到了京都，长期在鸭川的一座桥下过着流浪的生活。

佐原有一对细长冷峻的眼睛，一只外国人模样的鹰钩鼻，两只似乎很有福气的大耳朵……具有过去电影明星的风范，美代子一眼就看中了，认为他是扮演教祖的最佳人选。

经过一番讨价还价，美代子同意为他提供住房，每月支付二十万日元的工资，佐原大喜过望地一口答应了。

今天，佐原头戴黑色皮帽，身穿被称为“狩衣”的平安朝时代的官服，在祭坛前面低头端坐着。

美代子侧目看着佐原的后背，不满地皱起了眉头。

佐原的身体开始前后摇晃起来……

美代子猛地一惊：教祖在打瞌睡，这该如何是好？

由于佐原背对着教徒，大家都没有注意到他的怪相。美代子悄悄地跪行到他的旁边，用手指戳了戳他的大腿。这个流浪汉出身的教祖猛地睁开了眼睛，一看到美代子凌厉的目光，吓得赶紧缩起了脖子。

全员祈祷结束后，教徒们被一个个地叫到祭坛旁边的小屋里进行“灵视”。小屋面积狭窄，只有三张榻榻米大小，里面放一个小桌，教徒跪在桌子前面，教祖端坐在桌子后面。教祖用手蒙住教徒的脸，自己歪着头，微微地闭上眼睛，装模作样地说道：“你父亲一方在五代前有个杀人凶手，如果不洗掉凶手身上的血，家里人就会被暴徒袭击而受重伤。我看到你的背后有个战国时代的武将身影，他是你母亲一方的先祖，曾经烧毁村庄，杀了很多人。如果不镇住死者的灵魂，亲属中就有人会惨遭不测。你的肩上附着一个胎儿的灵魂。因为你父亲一方在四代前，曾有人和女人私通，让她秘密地怀孕了。你的肩头会经常发生剧烈的疼痛，那是你没有供养胎儿的缘故。”

听了教祖的训谕，每个教徒都不胜惶恐，为了除灵免灾，不得不乖乖地向教祖献钱献物。

美代子站在佐原的后面，绷着脸默默地看着眼前发生的丑剧。

2

“啊，累死我了！”

当所有的教徒回去后，佐原一边揉肩，一边转头，痛苦地叫道。

“你呀，真没用！”美代子叼着香烟眯起了眼睛，“看来还得瞌睡一会儿才好。”

“不要说了，想想都有点后怕。”佐原嘿嘿地笑着，并没有真心认错。他现在知道了自己的分量，如果没有了教祖，这个买卖就做不成。

美代子咂了咂嘴，拿起放入钱财的包离开了道场。

道场的四周围着两米高的铝制格子栅栏。栅栏的旁边有一栋古旧的小楼，一对老年夫妇正通过二楼的小窗冷冷地看着下面。美代子朝老夫妇笑了笑，一头钻进停在栅栏外面的轿车。

原来，包括旧仓库在内的三十坪土地是这对老夫妇的私有财产。除了现住的小楼外，他们当时准备出售已经不使用的带旧仓库的土地。美代子得知这个信息后，当即买下了这块土地。

老夫妇原先不知道旧仓库被改造成诈骗宗教的道场，直到后来举行宗教仪式时才知道了事情的真相。

尽管如此，这样的改变并没有给老夫妇带来实际危害。小楼和旧仓库的周围是大片的农田，而且离住宅街很远，建立道场不会影响附近居民的正常生活。

“那老头和老太看我们的样子好可怕。”

佐原轻轻地嘀咕着，快速钻进轿车，坐在后排的座位上。

美代子不满地横了他一眼，“你太胆小了，放松点好不好？”

“好像也没告我们。”佐原依然心有余悸。

“他们没理由告我们！”美代子没好气地回答。

她暗忖：要告也是那些被骗取钱财的教徒，怎么会轮到他们呢。

“常世教”已经建教两年了，即使有警察和律师过问也很正常。现在正是关键时刻，万事还得多加小心为好。

佐原依然担心地眺望着那栋小楼，一回头，正巧和美代子的锐利目光相接。

“你不要这么担心，一切都交给我吧！”

美代子故作轻松地安慰着，随即开动了小轿车。

佐原居住的单人公寓房离道场所在地的太秦很远，在平安神宫附近的白川岸上。美代子一边看着前面开始泛红的大文字山的景色，一边驾车朝东驶去。

小轿车向左拐过三条街后进入细长的小道，沿着白川继续行驶。这时候，美代子不由得皱起了眉头，她看到那座公寓的大门口站着一个年轻的女人。那个女人上面穿着大开胸的 V 字领毛衣，下面穿着随风飘动的迷你裙。

后座传来了佐原惊喜的声音："啊，是和希，她在等我哪！"

小轿车刚停下，那个女人就扭着腰肢，满面笑容地走到轿车的后面。她披着飘逸的茶色长发，戴着长长的假睫毛和黑色的无形眼镜，涂着油亮的粉色口红，显得十分妖娆。她曾说自己只有二十岁，实际年龄可能要大一些。最近，女性的年龄特别不好猜，美代子也是如此。她的实际年龄是四十八岁，但看上去还不到四十岁。骗子的基本功之一就是年龄作假。

佐原下了车，紧紧地牵着和希的手，蹦蹦跳跳地走进了那座公寓。

看到这样的情景，美代子深深地叹了一口气，头脑里忽闪忽闪地亮起了危险信号。

最近，佐原的身上出现了种种令人不安的迹象：全员祈祷中打瞌睡，带着不明身份的女人进房间，虽然多次发出警告，他却完全置若罔闻，甚至还提出了涨工资的无理要求。

这个和女人一起赌博败家的男人就是个烂货，扶不起的刘阿斗。

美代子痛苦地思考着，无奈地踩下了轿车的油门。

她的家在银阁寺附近的闲静住宅区。小轿车通过平安神宫前面的大马路，越过白川朝北而去。

美代子在停车场停了车后，乘着公寓的电梯直达最上层。

她拿着钥匙按着顺序在房门的三个地方开了锁。其实，有两处门锁是自己加装的。她是个职业骗子，心机很深，时刻提防有人到家暗算。

美代子开了房门，穿过走廊，走进客厅。客厅的面积很宽敞，足有二十张榻榻米大小。中央放着黑皮沙发和一个玻璃桌子。桌子上摆着笔记本电脑，墙上挂着大屏幕的电视机，巨大的书橱里塞满了各类小说、评论、采访报道，还有许多时尚、科学、料理、风俗画等书籍。

美代子把包放在沙发上，顺手拉开了窗帘，隔着宽大的阳台眺望着迎面耸立的大文字山，那山肌上呈现的“大”字清晰地展露在眼前。她很喜欢大文字山，每到八月十六日的夜晚，就把玻璃桌放到阳台，自己坐在桌边的椅子上，手里举着香槟酒杯，痴迷地凝望着燃烧的“火文字”。这种夜空里的景观有着别样的梦幻之美。

她转身拿起沙发上的包，向书橱旁边走去，那儿直露地放着一个一米高的铁制保险箱。保险箱自重不过一百公斤左右，但被牢牢地固定在墙壁和地板上，外人无法轻易地盗走，而且保险箱非常坚固，根本无法破坏。

美代子在保险箱前面蹲下身子，伸手按动着保险箱右上方的密码键，密码是五位数，只有她自己才知道数字的组合。

按完五个密码，键盘发出一声简短的电子音。美代子立即拉动箱门把手，保险门就顺利地打开了。

保险箱的最上层放着两千万日元的现金，中层放着价值一千几百万日元的股票，下层则收藏着价值一千万日元以上的钻戒、黄金、珠宝等财物。这些都是从教徒手里骗取的。

以前，美代子把赚到的不义之财都存入银行或放高利贷，但是五年前发生的事给了她深刻的教训。那时候，她和同伙联手制造的美容诈骗案出事了，逃亡前才发觉所有的资金都被冻结，连一日元都带不走。

从此，美代子把所有的金银珠宝都藏在身边，再也不敢须臾分离。

她从包里拿出今天赚到的六十三张一万日元的大钞，按照十万日元一沓的方式放在保险箱的最上层，留下三万日元放入钱包，然后关上了保险箱的门。

“好了！”美代子轻轻地舒了一口气，站了起来。

她坐在沙发上，随手打开笔记本电脑，查看电子邮箱，发现里面有一份新到的“猎物”名单。

近畿地区的几家医院都有美代子的合作者。她收买了那几家医院的护士、职员和医托，要求他们定期送来重病患者的名单。

从名单上看，癌症患者居多，其次是重度糖尿病和心脏病患者。上面详细地写着患者及其家人的姓名和住址。

美代子明白，当一个弱者陷入绝境，拼命想抓救命稻草的时候，也是最容易受骗上当的绝佳时机，她立刻复印了这份名单。

3

赤木静子迈着疲乏的脚步开了房门。

她的丈夫患了晚期肝癌，现在正躺在医院的病床上苦苦煎熬。

丈夫对医生狂呼：“太痛了！太苦了！”

又对静子反复地哭号：“我真想去死！”

他们有一个女儿，因女婿工作的关系，现在和孩子一起住在纽约，平时不轻易回来。现在真希望她回来陪陪妈妈，因为自己一人快要被悲痛压垮了。

静子沉重地叹息着又打开门旁边的邮箱，里面除了晚报，还有一份小广告，上面写着“让不可能成为可能——驱除所有疾病痛苦的终极神力”。广告词的下面是四个家人在璀璨星空下手牵手的图画。

静子看了一眼，觉得荒唐可笑，特别是最后一句更成问题——驱除所有疾病痛苦的终极神力。这到底是什么意思？

静子走进家里，坐在客厅的椅子上随意地翻看着那份小广告。小广告很薄，只有十几页，里面大多登着一些患者或家属的神奇体验。什么“半身不遂、整天躺在床上的丈夫已经能够走路”，“妻子的癌瘤完全消失”，“现代医学无法医治的姑娘怪病霍然而愈”，等等。

静子渐渐地被小广告的内容吸引过去，最初感到荒唐可笑的印象开始有所改变。甚至觉得内容属实的话，不妨把最后的希望寄托在那不可思议的神力上。

小广告的最后一页附有征询读者意见的明信片。上面列出三个问题要求简单地勾出“YES”或者“NO”。

三个问题分别是：

1. 现在有没有烦心事？

2. 对登载的内容有没有兴趣？

3. 是否需要更详细的面谈？

最下面的一栏要求填写读者的姓名、地址和电话号码。

静子犹豫了片刻，拿起笔在第三个问题上勾了一下。她觉得还是面谈比较有价值。如果现在毫无作为，丈夫迟早会痛苦地死去，到那时就来不及了。反正是“死马当活马医”，碰碰运气吧。

静子用笔勾了之后，终于松了一口气。

这时候，突然门铃响了。

已经是晚上七点了，还会有谁来呢？

静子惊讶地站起身来。

4

在指定的见面场所木鸠神社的牌楼前面，站着一个白发苍苍的老妇人。毫无疑问，她就是赤木静子。

美代子坐在轿车里朝她看了一眼，心想又一条“肥鱼”上钩了。

静子穿着银鼠色的大衣，系着白色的丝带，一看就知道是高级的衣物。她手里提着的坤包也价格不菲，似乎是正宗的百年老店订制精品，起码价值几十万日元。

为了再捞一大笔钱，美代子决定暂且留下佐原，没想到这个捞大钱的机会这么快就来了。

小轿车在神社的停车场停下后，美代子就和穿着绿色法衣的佐原一起朝牌楼的方向走去，她依旧穿着标志性的紫色外套。

看到两人走过来，静子的脸上露出了紧张的神色。

“您就是赤木静子夫人吗？我们昨天通过电话的。”美代子微笑着招呼道，“承蒙您远道来到这儿，实在不好意思。我是大生部充子，他是秦公房先生。”

佐原默默地向前走着。静子的态度很冷淡，即使对方打了招呼也不为所动，只是眼睛一眨不眨地看着他们，明显地露出一种不信任感。

“你家里有人患了重病吧？”佐原突然开口问道，“这个人和你关系特别近，是你先生，对吗？”

静子惊讶地瞪大了眼睛，“你怎么连这个都知道？……”

美代子的嘴角漾着笑意，“先生有透视人心的灵视神力。我叫您来这儿是有道理的，今天正好是先生每周一次来这儿参拜的日子，所以想请先生为您输入去病消灾的神力。”

“输入……神力？……”

“百闻不如一见，还是请吧！”美代子用手指了指牌楼里面。

静子抬头看去，一条笔直的铺石甬道直达主殿，甬道的左右两边是茂密的树林，完全遮蔽了阳光。

于是，佐原在前，美代子殿后，中间夹着静子朝里面走去，四周不见一个参拜者的身影。

在主殿前面的一栋建筑物的背阴处，出现了一个上穿神官白衣，下穿浅蓝色裙裤的小老头，一见佐原，立刻止步鞠躬，让出道来。直到美代子等人在他前面通过，小老头恭敬地一动不动地肃立着。

静子见了非常惊讶，后来才知道了其中的原因。

走在后面的美代子解释道：“当年秦氏曾特意在这儿祭祀过水神，所以神社人员非常崇敬秦氏后裔的先生。”

静子听了信服地点了点头。

走到甬道的尽头，拾阶而上，终于来到浓荫掩映的主殿的门前。

佐原立刻低头合十，装模作样地念起了经文。

站在佐原身后的美代子也闭上眼睛，双手合十。

静子慌忙跟着模仿。

佐原念完经文，从主殿左侧的门走了进去，内院松柏森森，气度不凡，有一个地方四周围着石栏。这儿原是个小水池，现在池水干涸，露出了池底，池中央立着一个五米高的石牌楼。

他们走到齐胸高的竹篱笆前，无法再靠近那个石牌楼。

美代子问站在左边的静子：“这个神社也叫‘蚕之社’，你知道吗？”

“这个嘛……好像听说过……”

静子住在大阪府的吹田市，对这儿的情况好像并不熟悉。

“秦氏把外邦的养蚕和丝绸技术传入日本，功劳很大。神社就是为了这个原因才建立起来的。”美代子指着石牌楼继续说下去，

“您看，那儿是不是有三根石柱？”

静子仔细一看，这座牌楼果然立着三根样式奇特的石柱，使信众能够从三个方向遥拜。牌楼的中心是一个安放着神秘石头的神座。

“如果从上面俯瞰，会发现牌楼呈三角形，表示这个三角形的中心就是宇宙的中心。”美代子凑在静子的耳边说，“您知道，埃及的金字塔是三角形的对吧？它的道理也是一样的，据说三角形的中心里蕴藏着宇宙的神秘力量。”

“真是太神奇了！”静子忍不住惊叹道。

“先生现在就为您获取牌楼中心的神座发出的神秘力量，及时拯救您的丈夫。”

这时候，佐原突然发出一声尖叫，随即伸出两手，掌心正对着牌楼的方向。他的脸上泛起潮红，两只手臂不停地颤抖着。

“啊！”静子不由自主地惊叫起来。她看到牌楼的神座上突然发出蓝白色的光芒。

美代子在静子的耳边轻轻低语：“这就是来自宇宙的灵气，先生正在为您汲取灵气。”

这时候，身后传来一阵笑声，美代子回头一看，一对像似观光的年轻情侣正朝这儿走来。她赶紧向站在右边的佐原发出信号，轻轻地踢了他一脚。

佐原立刻收拢双手，那道蓝白色的光芒顿时消失了。

静子呆呆地站立着，脸上充满着惊愕的神色……

5

在两人的劝诱下，静子直接乘上他们的小轿车去道场。

静子已被完全打动了，只要稍加努力，诱骗计划就能大功告成。

到了道场，那儿有几个教徒正在做祈祷。佐原和美代子一进去，教徒们纷纷合十致意，佐原微笑着频频点头。静子紧随其后，把这一切都看在眼里。

三人进入祭坛旁边的小屋后，佐原立刻用手遮住了静子的脸。过了一会儿，他放下手，眯起眼睛看着静子的额头，故作沉重的样态说道："你身上附着许多邪恶的灵魂，家人多病都是它们作祟的结果。你的祖先中有几个人做过暴虐之事，杀了很多人，也使很多人遭遇不幸。当然，这不是你的罪过，但不知什么原因，那些屈死的灵魂却附在你的体内，给你和你的家人带来很大的不幸。"

静子听了面露怯色。

佐原又说："你有个家人在遥远的地方，是吗？估计是个孩子……是你的女儿吧？"

静子张口无言，只是微微地点了点头。过度的惊恐使她一时失去了说话的能力。

佐原的话越发刺耳："如果你无动于衷，你的女儿女婿和他们的孩子都会马上病倒的。"

"那我该怎么办？……"静子终于爆发般地叫了起来。

佐原皱起眉头，"很简单，要根本解决问题就必须驱除附体的邪恶灵魂，这需要花费一段时间，以后你得每天到这儿来！"

"可是我先生已经快不行了……"

"驱除邪恶灵魂是需要时间的，而且还得看你诚意如何。"

"诚意？……"

"驱灵时，必须舍弃那些过去迷惑你的物质条件。比如，精美的食品、舒适的生活、豪华的装饰品……甚至你现在穿的衣服、用的包都要奉献，心里光想着而不作为是不行的。"

美代子紧接着发问："您有把全部家产拿出来布施的觉悟吗？"

"布施？"

"如果您把值钱的金银珠宝拿出来布施，我们负责把它分给世上那些穷苦的人，您就积累了功德，并能彻底地驱除附体的邪恶灵魂。"

静子低下头，咬着嘴唇苦苦地思考。

"我们并不要求您马上把所有家产都布施了。"美代子继续说道，"您还需要现金维持生活，可以先把银行存款的一半或三分之一捐出来。现在最重要的是您是否有诚意。"

静子抬起头，郑重其事地确认道："如果我按你们的要求捐了家产，我先生的病真能治好吗？我女儿女婿和外孙真能平安无事吗？"

美代子轻轻地叹了口气，顺手打开房门，叫了一个教徒的名字。

一个中年女人立刻走了进来。

美代子说："把你的事告诉她吧！"

那个女人怯生生地说起自己家人遇到的奇迹。

医生诊断她的丈夫患了晚期肺癌，转了好几家医院都是相同的结论。在万般无奈之下，他们抱着最后的一丝希望来到这儿，结果大喜过望。教祖及时地为他们驱除了邪恶的灵魂，输入了宇宙的灵气，使她丈夫的癌瘤神奇地消失了。夫妻俩开始过上健康正常的生活。

听着那个女人的话，静子的眼眶里噙满了泪水。

美代子见此情景，确信她上钩了，已经完全相信刚才的所见所闻，布施家产只是时间问题。

收到静子寄回的明信片后，美代子立刻联系了医院的合作者，拜托对方收集了有关静子和家人的详细信息。然后安排一个同伙穿着神官的法衣在见面的木鸠神社待机，并在牌楼上面秘密安装了通过遥控亮灭的灯泡，遥控器就放在美代子的外套口袋里。为了让静子心悦诚服，她还事先精心挑选了一名教徒作为帮衬。

那个女人说完了，静子还在不停地用手帕拭泪。

女人鞠了一躬离开后，静子直勾勾地看着佐原，好像已经下定了决心。接着，她对佐原低下了头，“拜托了，请多关照！”

6

第二天中午,静子带着一千五百万日元来到道场。

她当着佐原和美代子的面打开了包，里面塞满了带着银行封带的成沓大钞——这些是她目前能动用的所有家产。

“请务必帮助我的家人健康平安！”静子虔诚地请求道。

佐原郑重地点了点头，把静子请到祭坛，让她仰躺在“绿色之虫”模型的前面，然后用自己的手掌慢慢地对静子从头到脚地遮了一遍。

仅仅花了一分钟，“驱除邪恶灵魂”的作业就完成了。

但是佐原好像费尽了功力，累得趴在地上，大口大口地喘着粗气。

静子坐了起来，担心地看着佐原。

“太厉害了！”佐原一边喘气，一边对静子说，“附在你身上的邪恶灵魂非常强，现在总算把它们赶走了。以后还得反复做几次，这样才能一个不剩地驱除干净。”

美代子赶紧上来扶起佐原，“请先生先休息一会儿吧。”

佐原再三地叮嘱：“今天就到这儿。你还得来几次，不管是明天还是后天，什么时候方便什么时候来。”

“啊……好的！”静子慌忙应道。

拉开小屋里面的窗帘，佐原从靠墙的冰箱里拿出一罐啤酒。

美代子问：“现在喝啤酒要比喝咖啡好吧？”

“是啊！”佐原轻松地回答。

此时，美代子的心情和佐原一样，很想举杯庆祝一番。因为一千五百万日元的巨款已经到手了。

桌子上放着一大堆大钞。佐原把另一只酒杯放在大钞前面倒入啤酒，杯子里不断地冒出泡沫。

美代子拿起酒杯慢慢地喝着。

佐原问：“你是否还想继续诈那老太婆，把她身上的油水全部榨干为止？”

“嗯……”美代子有些犹豫。

其实，她很想拿了巨款立马走人，但又不甘心。也许像佐原说的那样，静子这样的大鱼很难得，不是什么时候都能碰到的。

佐原直截了当地提出了他的要求：“这次分钱要增加一点，赚了这么多，至少也得给一百万日元吧？”

美代子摇摇头，“那可不行，我买下这块土地已花光了所有的积蓄，还要请人帮忙，印制小广告，出了不少费用。等我手头宽松了，自然会给你加钱的。”

佐原无奈地咂了咂嘴。

接着，两人商量了明天灵视的事宜，不知不觉地喝了三罐啤酒。

美代子叫佐原打车回家，自己一口干了酒杯里剩下的啤酒，然后把大堆的钱放入包里。

就在她拉上包的拉链时，突然感到眼前变得很模糊，看东西出现了重影，想站起来，又觉得膝盖发软，没有一点力气。

“哎，你怎么啦？”耳边传来一个男子快乐的声音。

美代子抬头一看，佐原正笑嘻嘻地对着她。

“你……刚才在啤酒上做了手脚？……”美代子想大声斥责又没有力气，只感到眼皮沉重，全身无法动弹。心里明白是佐原在啤酒里下了麻药……她很快就失去了知觉。

7

一阵猛烈的肩部摇晃，美代子终于醒了。

她发觉自己正蜷曲着身体躺在床上。虽然视力还是模糊不清，但立刻知道就在家里，而且眼前放着那只宝贵的保险箱。

这时，她感到两只脚被牢牢地缠着胶带，手腕和身体也不能动，想必都缠着胶带。

“快告诉我保险箱的密码！”耳边又是那个男子的声音。

美代子扭头一看，佐原正大模大样地坐在椅子上，身后放着一只从未见过的大皮箱，一定是为带走这儿的所有财宝才准备的吧。

“你怎能对我这样说话？”

美代子发出了微弱的声音。尽管是自己说的话，听起来却像别人的声音。她还处于朦胧状态，口齿也不清。

“那是两年前的事了。”佐原悠然地说道，“那时生意刚开张，第一次钓到一条大鱼，我们高兴地一起去居酒屋举杯庆贺，你还记得吗？”

“你到底想说什么？”美代子不明白他为什么要说这些。

佐原继续说下去，“那天你酒喝多了，还对我谈起个人的隐私。说丈夫很花心，自己很痛苦，在家庭的压力下走上了偷窃的邪路。被警察逮捕后，你和丈夫离了婚，还被剥夺了抚养五岁独生女儿的权利……这事已经过去二十多年了。”

“你说这话是什么意思？”美代子还是一头雾水。

佐原依然没有直接回答，“我特意请了优秀的侦探去寻找你的女儿，没想到她已经是个出色的大姑娘了。”

美代子惊愕地看着他。

佐原拿出手机，朝美代子笑了笑就打起了电话。

“我是佐原，叫她女儿听电话！”随即把手机贴在美代子的耳边。

电话的那头突然传来了清亮的女人声音，美代子惊得咽了一口口水，“真澄，你真的是真澄吗？”

“你是妈妈？真是妈妈？我是真澄呀！妈妈，你出什么事了？”

佐原一把拿起手机，恶狠狠地对美代子吼道：“你不说出保险箱的密码，休想知道你的女儿在哪儿！”

“你浑蛋！”美代子挣扎着 想起来，又被佐原用力按倒在床上。

美代子愤怒至极：“别白费心思了，我不会让你得逞的。”

佐原的脸上出现了罕见的凄凉神色，“我知道是你救了我，如果没有你，我早进入了监狱，即使没被逮捕，也会遭到高利贷债主的追杀。现在没办法，只能先把钱搞到手，再弄本假护照逃到国外避风头。”

美代子沉默以对。

佐原继续说道：“我现在已经搞到一千五百万日元了，你不说保险箱密码也可以，以后和你女儿就没有好日子过了。我会向警察举报你，到时候你就得坐牢。”

美代子痛苦地闭上眼睛，大颗的泪珠潸然而下。这是她和真澄分手后第一次伤心落泪。

“你必须放过我女儿！”美代子拼命地喊道。她绝不愿意自己的女儿也被卷进去。

美代子终于说出了保险箱的密码。

保险箱的门打开了，佐原把金银珠宝一股脑儿地装进箱子里。

“你再好好地睡一觉吧。”佐原拉上箱子的拉链，如释重负地说道，“我只是用胶带把你的手脚捆起来，对身体没有大碍，醒来后稍稍用力就能解开的。”

佐原笑着挥挥手就离开了。

美代子再次昏死过去……

8

美代子醒来时,房内已处于昏暗之中。

她拼命地挣扎着，终于挣脱了胶带的捆绑，站了起来。

看着空荡荡的保险箱，美代子突然感到有点不对劲了。

她记得自己确实对佐原谈起过女儿的事。第一次钓到大鱼时，两人去了一家居酒屋喝酒庆祝。刚开始，佐原流着眼泪说起留在东京的妻子，随后自己也稀里糊涂地讲了家事，但当时根本没有说出女儿的名字，他是如何找到女儿的住处的呢?

她又回忆起刚才和女儿打电话的情景。

“你是谁？”首先说话的是一个年轻女人的声音。

“真澄！你是真澄吗？”说出女儿名字的是我自己。

“我就是真澄！”那个年轻女人这时才说是真澄。

美代子感到全身在发抖，她知道自己上当了，中了佐原的圈套。

我怎么会这么轻易地被他骗了？！

美代子气得发狂，懊恼得一屁股坐在地上……

9

赤木静子步履沉重地走到家门口,沮丧地开了门。

丈夫的头七已过，女儿一家也回纽约去了，暂时无法再度见面。不过，女儿说明年她的先生任期将满，到时还会再回日本。也许那时会少许缓解丧夫之痛。

她从邮箱里取出晚报，准备关上房门，忽听得有人说:“对不起！”

抬头一看，门外站着一位穿着灰色制服、戴着黑框眼镜的中年妇女。

那个女人和蔼地说:“我是吹田市市政府福祉课的朋子。”

“你找我有什么事？”静子有些戒心地看着对方。

“我们发现最近有人在这一带散发这种小广告，所以向您了解这方面的情况。”朋子拿出了一份小广告。

静子一看就明白，那封面上写的诱人的字句太熟悉了：让不可能成为可能——驱除所有疾病痛苦的终极神力。

朋子严肃地告诫道:“这份小广告说的全是假话，纯属欺诈行为！”

静子点点头，“这个我清楚。”

“您清楚？”朋子惊讶地扬起眉毛，“您怎么知道这是欺诈行为？”

“好像是在一个月之前吧，正好是有人把小广告塞入我家邮箱的那一天，有位警察发现了这种异常情况。”

“真的是警察？”

“是的，是位穿着警服的女警察，说是警署防范课的人。”

“她对你怎么说？”

"她说最近发现一些冒牌的宗教团体在散发欺诈的小广告，要求我一旦拿到这种小广告，立即回收上交警方。"

"你上交了吗？"

"上交了。"

"连回复的明信片也上交了？"

"是的。"

静子记得很清楚，刚填写好明信片，门铃就响了。

"那个女警察叫什么名字？"

"这个嘛……"静子记得这个姓名有些特别，脱口而出，"好像叫什么'被衣'。"

朋子疑惑地看着她，很快又恢复了常态，"我知道了，看来警察已经抢先一步行动了。"

她对静子低头致意，转身走了。

一个市政府福祉课的科员，为什么会来过问那份欺诈小广告呢？

静子不解地摇着头，关上了房门。

10

在木鸠神社显身的赤木静子果然是个假冒者。

一想到这个假冒者背着静子出来行动，美代子惊得倒抽了一口冷气。转念一想，又觉得很正常，如果这是佐原夺金之前就制订好的计划，那么假冒者登场的时间节点绝不是偶然的。

美代子重新审视着静子发回的明信片，发现手机号码处被白色的修正液涂改过，说明有人从中做了手脚，用修正液涂去了赤木静子写的手机号码，换上了别人的手机号码。

为了证实自己的推理，她以市政府福祉课科员的身份特意去了静子的家……

“难道和希就是他的同伙？”美代子突然冒出了这个念头。

这个看起来胆小如鼠的女人竟然是这场骗局的一员。

其实，这也不奇怪，骗子未必长着骗子一样的脸。和希的演技堪称完美，自己完全被她骗了。只能说声“佩服！”

那个假冒静子的老妇人与和希是些什么人？他们过去和自己有什么关系吗？美代子开始认真思考着这个问题。

一个老妇人和她的孙女——她的头脑里突然闪出这样的火花。

二十年前，美代子刚开始行骗的生涯，和同伙一起不断进行各种欺诈活动。他们成立虚假的化妆品和健康食品公司，大肆招募会员，赚了不少昧心钱，就在即将露出破绽时，又神不知鬼不觉地消失了。想想那时真有能耐啊。

一天，美代子来到河边的一家茶馆，坐在靠窗的座位上，想用这个场合招募更多人成为虚假公司的会员。就在她和一个通过电话相约的中年男子谈话的时候，突然看到桥上有个老妇人在来来回回地走动着，像乌龟一样慢慢地挪动着身体，絮絮叨叨地向来往的行人诉说自己编造的谎言，趁机骗取一点小钱。

当老妇人走近美代子的视线时，她不由得大吃一惊。起先觉得脸很熟，继而想起了过去的往事。招募健康食品公司的会员时，这个老妇人曾是自己劝诱的对象。

“真倒霉！”美代子暗暗叫苦，没想到这个受骗的老太婆竟然会在眼皮下晃来晃去。现在正是自己活动最忙的时候，约谈的对象络绎不绝。一小时后，还有另一个对象要来。她决定立刻向警察举报，把这个讨厌的老太婆抓起来。

美代子的行为不算反常，任何骗子都会这样做，都有这样的神经质。为了确保万无一失，他们必须事先排除所有细小的障碍。

于是，她和那个已经劝诱成功的中年男子一起走出茶馆，打公用电话向警方举报了桥上的老妇人。

返回茶馆时，偶然看到一个小女孩正仰望着桥上的老妇人，她的年纪和自己的女儿相仿，所以不知不觉地走过去和她说了几句话。

真相终于大白。那个小女孩的脸与和希的脸，桥上老妇人的脸和赤木静子假冒者的脸完全重合在一起。

美代子呆呆地站立着，过度的惊恐使她喘不过气来。

——没错，就是这祖孙二人！

她的脑海里鲜明地浮现出那个拿着速写本的小女孩形象……

尾　声

被欺诈过的人往往会多次受骗。

被害人中既有一人打发日子的单身女性，也有习惯独立生活的“王老五”和略有积蓄的空巢老人。骗子们通过网络秘密地相互交易这些极易受骗的“肥鱼”名单，他们毫无例外地成为其他骗子的下一个瞄准的目标。

从几年前开始，我也加入了这个诈骗交易网络。我的目的不是获取“肥鱼”名单，而是寻找那些得到名单的买家。

我一直苦苦地思索着如何行骗的办法，既要没有被警察逮捕之虞，又有攫取巨款之惠。终于得出了一个结论：从骗子手中夺取赃款最保险。

也许听起来像是笑话，但确实是真的，最好骗的人是骗子。很多骗子以为自己是专业人士，不可能有人胆敢对他们下手，所以即使被人抢走金银珠宝也只能哑巴吃黄连，不敢向警察报警。

在已确认的购买名单的骗子中，我发现了一个女人，她是靠创立伪宗教大肆敛财的老手。于是，我就把她定为动手的目标，事先展开了详细的调查。

刚拿到她的照片时，看了一眼就觉得很面熟，好像和奶奶、我都有关联。我很快就想起来了，就是这个女人向警察出卖了我们。我和奶奶都有这样的功能，只要见过一次面，就绝不会忘记对方的体貌特征，这是当骗子的必要技能之一。

我们祖孙俩把矛头对准了那个女人。

首先，我靠色相收买了教祖佐原，通过他收集了那个女人的各种信息，然后化妆成女警察，尾随着那女人安排的散发小广告的手下，悄悄地和几家重病患者的家人接触，从中筛选出合适的对象。最后，我决定让奶奶假扮成赤木静子，作为吸引那个女人的诱饵。为了把戏演得逼真，奶奶故意装出受骗的样子把巨款交给她，并串通佐原趁她不注意的时候在啤酒里下了麻药，让她在朦朦胧胧的时候暴露了思念分手女儿的最大弱点，逼迫她不得不说出保险箱的密码，顺利地实现了预定的计划。

当时最担心那个女人会否认出奶奶，那是计划成败的关键。没想到奶奶的演技特好，把一个上流社会的老妇人演得活灵活现，真不愧是个天才的骗子。

报上说，那个号称"常世教"教祖的男子已经在逃亡的路上落网。警察在一家宾馆以欺诈嫌疑罪逮捕了他。那个男子供出这个事件背后有个年轻女人在操控自己，还说出了整个诈骗计划，证言那个老妇人和年轻的女人是一对行骗搭子。

看来形势有点不妙，在整个事件完全平息之前必须安分守己地忍耐一段时间。

奶奶戴着刚到手的钻戒,站在镜子前面得意地摆着造型。

我轻轻地问她:“现在流行去深山的秘境泡温泉,我们要不要去那儿舒服地享受一下?”

“好呀!”奶奶满面笑容地看着我。

我立刻上去拉着她的手,报以灿烂的微笑。

我和奶奶永远在一起……

邻家小屋

(日)赤川次郎

忧郁的季节

啊,“那个季节”又来了。

安西光子站在公交车上，看到公寓前停着一辆送货上门的小卡车，一个穿着工作服的男子打开车厢后门，两手捧着一堆似乎无法分开的赠品走进公寓。男子穿着工作衬衫，后背都被汗水湿透了，紧贴在肌肤上。

那是一个梅雨即将过去、盛夏就要来临的下午。

“发车啰！”随着车内广播的响起，公交车开动了。

安西光子紧紧抓住皮吊环，不让自己摔倒。

由于公交车必须避开那辆送货的小卡车，所以车摇晃得比平时更厉害。

现在还不到下班回家的高峰时间,公交车上并不拥挤,但是已经没有空的座位。安西光子的一家刚搬到前面不远的新建住宅区时，也经常乘着这辆去地铁站的公交车来回。当时除了早晚的上下班高峰时间,车内通常都很空。

现在的情况完全不同了,就是去一次车站前面的超市购物回来，也往往坐不上座位。

幸亏光子今年才四十三岁，还不到坐不上座位就感觉很累的年龄。

不过，购物后拖着很重的购物小车乘上公交车非常累，而且必须保持身体平衡。

“妈妈，你怎么拖着购物车上车了？”

冷不防听到有人在叫她，光子吓了一跳，回首一看，不由得转惊为喜。

“素子！这是怎么回事？这么早就放学了？”

“马上就要考试了，我们俱乐部从本周开始停止活动，昨晚不是告诉你了吗？”

“是吗？”

“女儿的话你至少也得认真听一听嘛。”

说话有点骄横的是独生女儿素子，今年十六岁，高二学生。

素子在一所路途较远的私立高中学习。每天上学须由公交车转轻轨电车，路上足足要花费一个小时。

素子衣着朴素，穿着一身半旧的水兵服。

“妈妈，我来帮你拖住购物车吧。”

“不用，你自己当心不要摔倒。”

就在光子说话的当儿，公交车再次为了避让停在路边的送货小卡车，发生了剧烈的晃动。

“那些送货上门的小卡车真多呀！”素子绷着脸说道。

“这也是他们的工作，没办法。”光子大度地回答。

母女俩出现了短暂的沉默。两个人似乎都明白对方在想着同一件事。

素子终于开口道：“中元节又要到了。”

“是啊。”

“我好像觉得过了中元节，就是一年最后的季节了。”

听着素子说话的口气，光子笑了。她理解女儿说这话的心情。

“那间小屋又要腾出来了。”素子道，“反正他们（又要）还会去关岛、夏威夷之类的地方旅游呢。”

“也许吧，还没来打招呼呢……这也是没有办法的事，我们邻里之间都要互相帮忙的。”

“互相帮忙也得有个尺度啊。”素子似乎有些不耐烦。

素子和光子互相扯不清地反复议论着，到最后也没有得出结论。对于素子来说，只要这样的季节来了，她就不想再到大门口看光景。

“嘿，你听我说，”光子在那天晚餐时说道，“大门口旁边的小屋里堆满了杂志，得好好整理一下了。”

“好的。”丈夫安西淳几乎不假思索地回应道，“那个小房间还要使用吗？”

“是的，所以……”光子欲言又止。

素子代母亲回答：“中元节不就快要到了吗？”

“啊……是吗？”安西脸上露出复杂的表情，“（但是）……你明白我刚才说的意思吗？”

“这种话说了也没用……这是每年都有的事，今年怎么可以突然拒绝呢？”

“就说我们也要去旅游，不可以吗？”素子满脸的不快。

“那种话怎么说得出口……如果他们以后知道我们什么地方都没去，岂不是增加矛盾吗？”

“那就没办法了……他们今年会去哪儿呢？”

“还没来打招呼……”

光子还想说什么，大门的门铃突然响了。

素子皱起眉头，“真是说到曹操，曹操就到……”

光子起身走到对讲机的显示屏旁看了一眼，赶紧说道：“啊，对不起，请稍等。”

她回过头，对女儿小声说道："你说得没错，是泽形夫人来了。"

"果然不出所料。"

"你们吃饭吧，我去开门。"光子说着快步朝大门口走去。

素子道："说好了，得要三成保管费哟。"

"轻点，不要让人家听见了！啊，欢迎光临！"光子开了大门。

"晚上好！"泽形清子笑嘻嘻地走了进来，"突然来府上打扰，实在不好意思。"

"哪儿的话……"

"你们正在用晚餐吗？"

"嗯，是的。"

"我来得真不是时候，要是先打个电话问问就好了。"清子嘴上这么说着，并没有一点"来得不是时候"的歉意，"（不过，）这次又要让你们费心了。拿着吧，这是别人送我的礼品。"她一边说，一边拿出一个类似混装小甜饼的小纸包放在房屋门口的台阶上，"我家明天又要出去旅游了。"

"你真有福气，总是让我好羡慕。"光子笑道。

"不过，出去也烦人。每天总有人打工作电话来请示我先生，叫我一刻都不得安生。"

清子今年该有六十出头了，看上去依然非常精神，头发也染过，显得十分年轻。

清子的丈夫叫泽形广介，是一家名谓 N 产业的大型企业的董事，据说相当有实力。

光子问："这次也去外国吗？"

"是呀，今年出国旅游的时间稍长一点，是两个星期的欧洲游。"

"真不错啊。"

"所以总是来麻烦你们。"

"没关系，应该的。"

"非常感谢,总是得到亲切的关照。"

"哪里,哪里。"

"那我走了。"

"出去当心点。"

"打扰了!"清子笑了笑,就像来的时候那样,一阵风似的回去了。

光子回到餐桌边,说了一声"两个星期的欧洲游",顺手把那个混装小甜饼的小纸包放在桌子上。

泽形的家当然是安西家无法相比的豪宅。但是安西的家恰恰就建在泽形家的旁边。

岁末时节并非经常如此,只有每年夏天的中元节期间,相邻的泽形家就会流入大量的"赠品"。在这样的高峰期,泽形家往往会外出旅游。

那些百货公司的配送或者宅送的从业者都会派送货员送来五六样不同的"赠品"。

于是,每到中元节的时候,清子总会来请求把所有送来的"赠品"临时寄存在安西家。

大概是五六年前吧,清子在地区妇女会上认识了光子。光子接受了清子的请求,答应把泽形家中元节期间收到的各种赠品临时寄存在自己的家。

万万没有想到,到时送来的赠品犹如潮水一般,竟然完全占据了安西家的那间小屋……

归 宅

深夜十二点左右,大门口响起了汽车的声音。

最近以来，过去睡眠少些也没关系的清子一反常态，到了晚上就会处于迷迷糊糊的状态。

但是，听到汽车的停车声后，清子立刻惊醒了。

因为今天和平时大不同。

清子走到大门口，开了门锁。

“你辛苦了！”

听到丈夫的声音后，清子立刻打开大门，谦恭地问候：“您回来啦？”

“啊，这么晚你还没睡？”泽形广介回了一句，脸上显现出罕见的酡红色。

“你喝得太多了。”清子嗔道。

“没办法，这是专门为我设的宴席，能不喝吗？”

进了大门没走几步，泽形就有点摇摇晃晃，清子慌忙上前扶着他。

“没关系，我不会醉倒的。”泽形摆摆手，“洗澡水准备好了吗？”

“我不知道你今天什么时候回家，所以还没有准备。”

“是吗？不着急，反正明天就能好好地睡一觉了。”

“说什么呢？”清子叹了一口气，“我们明天就从成田机场出发了。”

“哦？”泽形解开领带，“我把这事给忘了。”

“你先喝口茶，我去往浴缸里放热水。”

清子往浴缸里放了热水后，赶紧返回客厅，眼前的情景让她呆住了，“你……怎么啦？”

泽形坐在沙发上，微微张着嘴，已经睡着了。

清子犹豫了一下，决定让丈夫在热水放满之前稍稍睡一会儿。

对，今天是个特别的日子。

清子坐在对面的沙发上，望着正在打呼噜的丈夫。

您辛苦了，工作了这么多年后，终于可以轻松地回家了。

今天是丈夫泽形广介的六十五岁生日，他正式从N产业的董事位置上退下来了。

“嗯？”清子的手机突然响起来，“这么晚的时间？”

清子平时交际很广，使用手机频率很高，但是这么晚有人打手机来还是第一次。

“喂，喂，是茜子吗？”

“妈妈，明天出发的准备工作做好了吗？”

“差不多了，待会儿把你爸爸的一些生活用品放进行李箱就可以了。你呢？”

“那还用说，今天是爸爸退休的日子吧？”

“是啊，他刚回来不久，现在正在睡觉呢。”

“明天他得准时起来哟。”

“没问题，他一定能起来。”

茜子是泽形夫妻的独生女儿，今年三十八岁。她和大山卓郎结婚已有十二年，有一个独生子照夫，今年十岁。

每年去海外旅游，茜子都会带着照夫同行。当然，所有的费用都由外公泽形承担。

今年也是如此，茜子照例带着照夫参加明天开始的欧洲游。丈夫大山卓郎因为工作忙而不能同行，是个始终不变的“留守男士”。

“那好，明天成田机场见！”茜子说道。

“好吧。”

“请代我向爸爸说‘您辛苦了’。”

“我会转告的。”清子说着，准备挂上电话。

“喂，妈妈！”茜子突然慌慌张张地说道，“别忘了，今年我要红茶。”

清子一时摸不着头脑，想了一下，终于恍然大悟，“你是说中元节的赠品吧？”

“是啊，去年你给了隔壁邻居，今年我也想要。”

“好的，没问题。”清子笑道。

她刚挂上电话，就听到泽形的声音，“是茜子打来的电话吗？”

“你醒啦？”

“哪里，我根本就没有睡着。”泽形深深地叹了一口气。

“茜子要我对你转告她的问候，‘您辛苦了！’”

“哦，她还记得这一天啊？”

“当然记得。”清子苦笑道，“你干了这么多年，也太累了。”

“是啊，到最后搞得脾气也不好了。”

“岂止不好，简直很坏。”

夫妻俩都忍不住一起笑了起来。

“好久没见你这样笑了。”

“确实如此，自从茜子结婚之后，一直就没有痛快地笑过。”泽形叹息道。

“今天的宴会不错吧？”清子喝了一口茶，问道。

“嗯？噢，确实是个气氛热烈的宴会。”泽形不住地点着头，“许多已经退休的老同事都来了，那些过去有来往的客商也全（都）来了。”

“肯定是你很关照他们。”

“那当然。会上有很多人即席发言，大家都说‘请不要这么早退休’，其中还有人抱着我直抹眼泪。”泽形虽然说笑着，眼眶却不由得湿润了。

清子道：“说起来，我们还当过五六回介绍人呢。”

“是啊，现在都已经有了成果。有的夫妇俩经常上门拜访，还有的带着孩子来看望我们。我们这对介绍人夫妇正式退休了，他们可能还不知道吧？”

“啊，做了善事，悄悄告别，这样也挺好。”

“说得对，在大家觉得惋惜的时候适时退下来最好。”

“嗯。哎呀，坏了！浴室的水龙头还开着哪。”

清子赶紧跑进浴室，关了已经放满浴缸热水的水龙头。

她返回客厅，对泽形催促道：“你快去洗个澡吧。”

“啊，有件事可不能忘，已经拜托过邻居了吗？”

“你是说我们不在家的事吗？今天晚上早就安排妥当了。”

“总是这样不凑巧。”

“不过，我也给了他们不少赠品。出去后就全靠隔壁邻居帮忙了。”

“是啊，安西君的一家都是好人哪。”

“嗯。”

泽形打了个哈欠，起身慢慢地走入浴室。

清子赶紧去拿丈夫要换的衣服。心里暗忖：对了，只要有那个邻家的小屋，我们就一定能得到帮助的。

在清子和女儿茜子之间，只要提起“邻家小屋”，就是意指“赠品的寄存场所”。

今年也一样，旅游回来后就开始分配那些寄存的赠品。首先让茜子拿走想要的东西，然后再选择自己的所需之物。

剩下的……该如何处理呢？

考虑这个问题也是清子的乐趣之一。

视　线

“现在的日本真热啊！”茜子仰望着明晃晃的天空发出一声

感叹。

“我还好嘛。”清子道，“你是不是穿得太多了？”

“嗯？”泽形睁开眼睛，“已经到成田机场了吗？”

“爸爸，你在说什么呢？”茜子笑道，“我们在汽车里，不在飞机上。”

“啊，是吗？”泽形透过车窗看着外面，有些不好意思地说道，“我刚才做了个梦，感到飞机正要下降到成田机场。”

“这次欧洲游真好玩。”茜子又道，“我说得对吧，照夫？”

她问身边的儿子，但是十岁的照夫在车里入迷地玩着电子游戏机，没有应答。

“唉，你这孩子，在巴黎和罗马时都一样，什么事都不管，只关心电子游戏。”

“你不要责怪他。小学生嘛，对那些中世纪的街景当然不会有兴趣的。”泽形话锋一转，“你今天住哪儿？”

“今天先生在家，我还得回去。”

“是吗？”

这时，汽车已经开到了泽形的家门口。

“请打开车门锁！”茜子对司机说了一声，率先开了车门下车。

“快到外面吹吹风。”清子赶紧对茜子说道。

司机打开客货两用车的后车厢，卸下了他们一家的行李箱。

这辆车是泽形工作的N产业派来接机的。

茜子打开大门，司机提着行李箱走进去。

清子站在外面。之前待在封闭的车子里太闷，而且空调的冷气也使她不舒服；现在受到自然风的吹拂，虽然刺眼的阳光让人一时难以适应，但她还是感觉轻松了许多。

丈夫对她催促道：“你快进屋！”

这时，清子无意间看到光子正顺着这条道走过来。

光子撑着一把遮阳伞，似乎出门后才回来，脸上显出疲惫的神态。

清子朝光子的方向迎上去，招呼道："安西夫人，多谢了！"

光子好像在招呼之前完全没有注意到清子，听到声音后，怔怔地看着清子，"啊……对不起，我刚才没注意到是您。"

"我刚回来。"清子笑道，"不在家的时候给您添了不少麻烦，实在过意不去。"

"不，不要那么客气。"光子有些慌张地把视线转向别处，随后又道，"我有急事得先回去了，有事以后再说吧。"

她匆匆地走了。

清子有些吃惊地看着光子走进了自己的家门。

"她今天怎么有点怪怪的呢？"

清子歪着头思索良久。

暂且不管她，先回家喘口气再说。

清子转身走向那个已经搬完行李箱的司机，笑吟吟地说了一声"你辛苦了"，然后朝着家门快步走去。

"啊，真是吓了我一跳！"安西光子进入家门后，大口地喘着粗气，然后有气无力地冲着屋内说道，"我回来了！"

很快，那个正在家里舒适地过着暑假生活的女儿素子迎了出来，一见妈妈的神色，惊诧地问道："妈妈，您怎么啦？！"

"刚才……"光子话说了半截，赶紧从大门口走进来，"我见到他们了。"

"见到谁了？"

"就是邻居泽形一家人。"

"哦，他们回来了。"

"我刚才回来的时候，正巧看到他们从车上卸下行李箱。"

“是吗？不过妈妈也不必这样紧张呀。”

“我不是紧张，而是突然看到他们一家回来有点吃惊。”

光子用手拭去额上的汗水，说了声“天太热了，不脱去外衣，身上全是汗”，然后快步走入客厅。

客厅里开着空调，光子坐在沙发上依然喘着气。

素子道：“他们马上会来拿赠品的。”

光子摇摇头，“今天刚从欧洲回来，估计不会马上来拿。”

“妈妈，就让他们来好了，如果来拿赠品的话，我就不想出去了。”

“不是说好出去买食材准备晚饭吗？”

“那不行，这样不好，我宁肯叫外卖送晚饭来。”

“可是……”

“我绝对不出去，要去你去好了。”素子说完跑上楼梯，回到自己的房间。

“这是怎么回事，不是已经说好的吗……”光子不由得紧皱起眉头。

“嗯，知道了。”茜子正在用手机和丈夫大山卓郎通话，“那我就等你过来。嗯……”

茜子挂上电话，对妈妈说：“等会儿先生就开车过来了。”

“什么？是卓郎？他不在公司吗？”

“他说今天特意请了假。”茜子说着走进客厅，忍不住发出一声感叹，“啊，我们的家真凉快，空调的效果就是好！”

清子问女儿：“卓郎要不要和我们一起在家吃晚饭？”

“嗯，等他来了再说吧。”

“卓郎什么时候来？”

“马上就到。”

“噢，卓郎开车过来，就是为了那件事吧？”

“把寄存在邻家小屋的赠品放在车上运走不就可以了吗？”

“把喜欢的赠品全部带走？脸皮也太厚了吧？”

清子笑道，“怎么也得给安西君家留下一两样赠品才好。”

“我明白，这是‘保管费’嘛。”

大约过了十分钟，穿着运动衫的大山卓郎终于到了。

“您回来啦！”卓郎率先向清子打个招呼，“辛苦了！”

“哦，你到了。一来就叫你帮忙有点不好意思，现在就去邻居家把那些赠品运到这儿来，可以吗？”

“啊，没问题。”

“妈妈，我们赶紧走吧！”茜子性急地催促道。

清子苦笑着走出了家门。

茜子带着大山卓郎跟在母亲后面，清子按响了安西家的门铃。

过了一会儿，大门开了。

“承蒙关照，不胜感谢！”清子笑嘻嘻地说道。

“啊，是您来了，请进吧。”光子有些吞吞吐吐地说道。

“总是来麻烦，真是过意不去。”

“不客气……”

“我们这次来是想把寄存在府上的物品拿走。”

“好的……”

“大概有多少？能否让我看看，想想怎么运走。”

大山卓郎说道。

“不好意思，我们这就进来。”清子走上台阶，“还是放在那间小屋吗？”

“是的，就是那间小屋。”

“打扰了。”茜子和卓郎也上了台阶。

清子推开了大门旁边的那间小屋的门扉，立刻露出了疑惑的神色。

那间小屋过去根本走不进去，里面寄存的赠品往往堆积如山……

“哎？这是怎么回事？”茜子朝小屋里看了一眼，也惊呆了。

小屋里空空荡荡的，没多少东西。

地板上确实堆放着几个小箱子，……七个…… 八个……看起来不会超过十个。

这是绝不可能的事。清子回过头，看着光子问道：“其他的物品都放在别的地方吗？”

“没有，就这些。”光子讪讪地回答，“赠品这么少我也感到奇怪，我女儿也说‘今年不比往常’呢。”

“是吗？”清子的脸上浮现出酸涩的笑容，“也许今年送赠品的时间推迟了，也许是赠送单位休息的关系吧？”

“是啊，也许吧……”

“嘿，你们还拿不拿啊？”清子对卓郎看了一眼，问道。

“拿，拿，这就拿！”

“这点东西我们三个人就能拿走，茜子，你少拿点。”

“好的……”茜子还是对眼前的状况面露难以置信的神态。

但是她也没办法，只得先把这些赠品拿回去再说。

“还是待在自己家里舒服。”泽形广介穿着肥大的过膝衬裤走进客厅。刚在浴室里冲淋过，汗又一下子冒出来。尽管如此，泽形还是觉得家里好。即使住在欧洲的五星级酒店里，未必就能穿上这种宽松的过膝衬裤。

“真想喝喝冰镇的啤酒，大山君，咱们喝一点怎样？”

泽形的话音刚落，忽然感到客厅里的气氛有点异常，惊讶地问道：“出什么事了？”这时，他才发现清子和茜子的脸色都很难看。

“爸爸，我去给你拿啤酒。”大山卓郎知趣地站起身来。

“不，这事不要你干，喂，清子，你为什么要绷着脸？”

清子还没说话，茜子先开了口：“我怎么想都觉得是件怪事！必须要和他们说清楚！”

“可是……”清子有些犹豫不决，“要是她推说什么都不知道，我们不就没词了吗？”

“怎么会有这样的事呢？”茜子还是余怒未消。

“你们在说什么？到底出什么事了？”泽形还是一头雾水。

“真是出怪事了！”茜子回答，“刚才我们按老习惯去隔壁的邻居家拿中元节的赠品……”

“哦，就是一直寄存赠品的那一家吧？”

“是啊，我们经常在邻家大门边上的小屋里寄存赠品，过去小屋里总是塞得满满的，中元节前后更是堆积如山。可是这次去却大失所望，小屋里寄存的赠品还不到十箱。”

泽形的脸色不由得阴沉下来，“是吗？”

“市场再不景气，赠品数量再怎么减少也不会只有这么一点。”茜子气恼地说道。

清子劝道：“茜子，你也不要发这么大的火，我想安西夫人不会随便打开我们家的赠品。我们去拿赠品时看过现场的情况，你还不明白吗？”

“我不明白！做出这样的事情也太卑鄙了。一定是那家的夫人看到每年中元节和年末时节我们家的赠品堆积如山就眼红了。以后再也不放他们家了，我不会把赠品送给那种人。”

“不要这么说。”

“现在什么事都会有。”茜子虎着脸，双臂交叉在胸前。

清子站起身来，“我去拿啤酒。卓郎，你也喝一点吧。”

“那不行，我今天还要开车呢。”

“噢，你说得对，”清子笑了笑，“我也疏忽了，或许是时差没倒过来的缘故吧。”说完立刻走出客厅向厨房走去。

“这个女人怎么会干这种蠢事！”清子一进入厨房就忍不住破口骂道，“从来没见过这样坏心眼的人。”

其实，清子比女儿更不认同当时所看到的状况，刚才没有表露是为了劝慰怒气正盛的茜子。

没错！这个安西夫人真是不可理喻。

刚回来的时候，和她在路上相遇也是这样，见到我不知为何突然变得很慌张，没说几句就匆匆地溜了，好像特别怕见到我。

清子回想起光子当时的情景，越发认定她心怀鬼胎。

因为她家的那间小屋总是寄存我家的各种赠品，所以她心里就不平衡了。对了，也许是她那个自视清高的高中生女儿挑唆的吧。她会说“放在我家的东西，拿了理所当然”。

当然，只有通过调查才能知道其中的原因。查看送货记录就能知道存放在她家的赠品到底有多少了。

可是，事情并非如此简单。要是对方恼羞成怒地咆哮“东西都被小偷偷走了”，又该怎么办呢？

也许那个女人会这样说：“泽形家是有钱人，以后再也不为你们寄存赠品了。”

我也可以很大度地回答：“我绝不会为这一点小事和你理论的。”

不过，如此一来，不就中了她的下怀吗？这样回答也不好。

“喂，怎么还没拿啤酒来？！”从客厅传来了丈夫的声音。

清子终于清醒过来。一边说“这就拿来”，一边匆忙地打开冰箱门。

她呆呆地站立着。冰箱里空空如也。

终于想起来了。

原以为回国后一定收获很大，那些啤酒、火腿、奶酪之类的赠品必然吃不完，所以在出国旅游前特意清空了冰箱。

冰箱里连一瓶啤酒都没有。

落　日

他被电话的铃声惊醒，心里很恼火，何况又是星期天的早晨。

睡在身边的妻子绚子慵懒地翻了个身，睡眼惺忪地说道："电话铃响了！"

"啊 …… 现在几点了？"

"嗯……七点左右吧。"

"这么早就打电话来，不理它！"松村徹说着又闭上了眼睛。

但是，那个电话隔了一会儿又响了起来。

"浑蛋！到底是谁打来的？"松村愤怒地叫嚷着。

妻子猜测道："如果是你的亲密朋友，应该打手机才对呀。"

松村也把握不定，"会是公司打来的吗？今天是星期天，照理也不会呀。"

"你快去接电话吧。"妻子提议道。

"你出去接电话！"松村很不情愿。

"我 …… 连睡衣都没穿呢。"

松村这才想起昨晚抱着绚子求欢的事来。两个人现在都赤身裸体地躺在床上。

"真没办法！"松村磨磨蹭蹭地起了床，穿上运动衫后走出卧室。

走廊上，电话铃声依然响着，也许对方认为电话号码没错，非得有人接听不可。

松村拿起电话筒，"请问您是哪一位？"

“是松村君吗？这么早给你打电话，实在对不起。”电话的另一端传来了明快的声音，“你还在睡吗？”

这个声音很耳熟，究竟是谁？

“不，我已经起床了，请问，您是谁？”

“瞧你这个人，这个声音还听不出来？我是泽形清子呀。”

松村一听是她打来的电话，顿时睡意全无，“对不起，我刚起床，还有点迷糊。”

“呵呵，没关系。”清子笑道，“绚子还好吗？”

“托你的福，她还好。”

“圭子已经上小学了吧？”

“她明年才上学。”

“是吗？时间可过得真快！”

“是啊，请问您找我有什么事？”

“嗯，我是有件特别重要的事问你。”

“哦，什么事？”

“我家一到夏天总要去海外旅游。今年先生退休了，时间比较宽裕，所以一家人就去欧洲游玩了一趟。”

“那很好啊。”

“可是，现在出现了一件怪事，你们公司不久前给我家的中元节赠品不知送到哪儿去了。”

“啊，有这样的事？”

“你们送的数量和对象很多，那些送货员也许为了图方便就把给我家的赠品送到其他地方去了吧？”

“是吗？如果是这样的话，我叫他们再给您送一次好了。”

“可以吗？这样不太好吧？不过，我先生一直非常喜欢你们送的赠品。”

“您不必再说了……我现在就去百货公司。”

“实在对不起，再说这也不是你造成的。”

“没关系，这事就交给我去办吧。”

“谢谢了，我先生知道了这事一定会很高兴的。有空请到我家来玩。”

“好的，我一定来。”

“这么早就麻烦你，实在不好意思。”

“不要客气，这点小事不麻烦。好的，我挂了。”

放下电话筒后，松村深深地叹了一口气。

绚子来到他的身边，“哪儿打来的电话？”

“是泽形夫人打来的。”

“找你有什么事吗？”

“说没有收到我们公司的中元节赠品，怀疑送错了地方。”

绚子皱起眉头，“她还在等啊，今年不是决定不向泽形先生家里送赠品了吗？”

“这个我知道。可是听她话的意思，我今天还得去公司为她张罗赠品，真没办法。”

“你说过，泽形先生退休后就不送赠品了。”

“我是说过这话，但没想到泽形夫人还会打电话来催。”

“难道是泽形夫人明知故问吗？你们公司也不是第一次给她家送赠品了。”

“不管怎么说，既然开了口总得送点东西应付一下，价值低一点的赠品也没关系。”

松村长长地伸了个懒腰，“我的一个好觉全给她搅了。”

松村徹是 K 食品公司的推销员，和 N 产业有着长期的业务来往，也经常得到泽形的关照。

泽形还是他和绚子结婚的介绍人。

现在，松村已经结婚八年了，泽形也退休了，所以松村决定不再向泽形家送赠品。

“你打算年末时节也自费给他家送赠品吗？”绚子问，“圭子快要上小学了，家里的开支会越来越多。”

“嗯……还是先把眼下的事应付好再说吧。”

松村说着，把头转向一边，“哎？你怎么起床了？”

只见圭子睡眼惺忪地站在他们面前。

“妈妈……”圭子撒娇地叫道。

“肚子饿了吧？稍等一下。”

圭子噘起了小嘴：“我要喝牛奶！”

“原来如此！”清子放下电话筒，发出一声感叹。

为了解开心中的疑团，清子想打电话问个究竟。但在打电话之前，她又有些犹豫。如果对方冷冷地回答：“我们不送赠品了……”那该多令人难堪呀。

清子考虑了半天，最后决定给松村的家里打电话。她不相信松村会忘了送赠品。

果然不出所料……

清子没有多加犹豫，立刻打了茜子的手机。

“喂！喂！是妈妈吗？”

“你还在睡觉？”

“那当然。有什么事吗？”茜子有些不高兴地问道。

“我只想对你说说那间小屋的事。”

“小屋？哦，您是说中元节赠品的事吗？”

“是啊。刚才我向你爸爸给他做媒的松村打了电话，说他的赠品可能送错了地方。”

“他怎么说呢？”

“他说给我家再送一次。”

“真的吗？那么说之前是送错了？”

“看样子是这样的。我实在忍不住了，直接给他打了电话。”

“这样说不太好吧，太明显了。”

“我也这样想过。但不知道该怎么办。”

说到这儿，清子下意识地感到丈夫已经起床，并且来到了自己的身边。于是赶紧对茜子说了声“我待会儿再打给你”，就挂断了电话。

清子转身问丈夫：“你今天怎么起得这么早？”

“今天是星期几？”丈夫答非所问。

“星期天呀。你不再睡一会儿吗？”

“我已经睡够了。即使是星期天也没必要睡懒觉。”泽形广介说着伸了一个懒腰。

“你怎么眼睛这样红？”清子有些疑惑不解，“昨天也是这样的红眼睛。”

“是吗？”

“你不要在我面前假装不知道……是晚上没睡好吗？”

“也许吧。现在退休了，生活的节奏都乱了套。我长期习惯了上班的规律。”泽形又问，“报纸来了吗？”

“我这就去拿。”

清子立刻去大门口拿了报纸回来。刚进入客厅，就看到泽形正在打电话。

“啊，是的。你妈妈说话就是这样，不要太计较。”泽形回头看了清子一眼，又道，“你妈妈回来了，要不要她接电话？好吧，向大山君问好！”

清子接过电话，“是茜子吗？”

“我没什么事，就是想问问刚才你为什么挂断电话。”

“刚才正巧有点事……”

“清子，刚才你给松村打了电话？”泽形坐在沙发上，一边看报，一边问。

“你也听到了？”

“这种闲事再也不要去管了。”泽形面露愠色，“人家是有规定的，不管是谁离开了公司，他们就不送或者少送中元节和年末的赠品。”

“可是，你……”

“这种催促人家送赠品的事不能再做了，绝对不可以！”

“如果真是少送赠品倒也罢了。可是，那个邻居……”

“你就认定是他们干的吗？连一个证据都没有，怎么可以把邻居当作小偷呢？”

“可是，你……”

“他们过去每到中元节或者年末就送赠品来，完全是冲着我的职位送的，现在我的职位没有了，谁都不会再送赠品，何况他们公司的相关经费也在不断紧缩。”

“你……”

“好了，这事到此为止，不许再做这种丢脸的事了。”泽形不耐烦地说着，继续看他的报纸。

清子正要离开客厅，突然回过头对丈夫说道：“你……”

“又有什么事？”

“你把报纸拿颠倒了。”

清子感到丈夫有些口是心非。他刚才说话的口气虽然很硬，却明显流露出备受打击的神态。

痛　恨

“难得放了暑假，还要搞什么排练……”

安西素子在车站上了公交车后，忍不住发起了牢骚。虽然对俱乐部的排练表示不满，但她并没有讨厌俱乐部。

素子的膝盖上放着一只装着长笛的乐器盒。

她在吹奏乐俱乐部里担当吹奏长笛的角色。

由于每年的秋季都要举行吹奏乐比赛，所以俱乐部不得不在暑假里也要求每个成员定期去学校进行排练。

当然，这种活动对素子来说也有一定的乐趣，她可以在回来的时候和朋友们一起共享自己最喜欢吃的甜品。

“马上就要发车了！”公交车上的播音器里传来了录制好的声音。

现在已是傍晚，但离下班的时间还早，公交车上的乘客都有座位。

引擎一发动，公交车立刻轻轻地摇晃起来。一位满头银发的老大爷刚上车，好像还没有站稳，随着车体的晃动，一不小心就倒在素子的膝盖上。

素子抓住老人的手腕，小心地把他扶起来，关切地问道：“您不要紧吧？”

“啊，对不起，把你弄痛了……”

“没关系，快请坐下吧。"

老人倒下的时候，把素子膝盖上的乐器盒碰掉了。

素子的旁边正好有个座位，老人就坐在那个座位上不停地喘气。

素子捡起掉在车厢地板上的乐器盒。

老人歉疚地说道：“真对不起，盒子里的乐器不要紧吧？”

“没问题，它是不会坏的。”

“噢，那是什么乐器？”

“长笛。我常带着它去俱乐部排练。”

“是长笛吗……”老人点点头，小声说道，“我家隔壁邻居的女儿也经常在家里练习吹长笛。”

素子觉得这位老人很面熟，好像在哪儿见过。

啊，想起来了，难道是他？！

素子目不转睛地注视着老人的侧脸。

这个人 …… 一定是 ……

对，他就是隔壁的泽形先生。

他今天为什么会乘公交车呢？

素子一时哑然，感到不可思议。在她的印象中，泽形先生平时总是一身光鲜的西装革履，系着领带，乘坐公司派来的豪华轿车上下班。

素子不时地看着泽形，暗自把他和自己的父亲加以比较。心想：“如果他在公司上班，不应该是现在这个样子 ……”

现在，坐在素子旁边座位上的泽形和平时迥然不同，原先的形象不见了，只是一个后背微驼、穿着皱巴巴衬衫的普通老头。而且须发皆白，皮肤干燥，完全没有往日的风采。

不仅如此，素子对泽形的眼神尤感困惑，那是一种茫然无助的呆滞目光。

这究竟是怎么回事？

素子很想知道原委，但是无法和泽形搭话。

下一个车站就得下车了，素子站起身，准备向下车的门口走去，她忍不住回头看了泽形一眼。

泽形完全没有注意到素子的举动。

素子终于鼓起勇气开口道：“泽形先生，到家了，您不下车吗？”

泽形疑惑地反问：“你说什么？”

“我说您不在这个车站下车吗？”

“这个车站？”泽形连连眨巴着眼睛，“噢，对了，我是在这个站下车。”

“那就一起下车吧。”

这时，车门开了。素子拉住泽形的手，大声说道：“对不起，您快下车吧。”

公交车开走了。

“谢谢！”泽形说道，“我差点儿乘过站了。”

“我在天热的时候，也会有一时迷糊的情况。”

素子笑盈盈地说着，“我告辞了。”

“你是……哪家的孩子？”

“我是您的邻居。”

“啊……是吗？”泽形的眼睛恢复了一点往日的光彩，“那么说，邻家吹长笛的小姑娘就是你了？”

素子笑道：“我吹得不好。”

这时有人没好气地叫道：“爸爸！你在干什么？”

“是茜子啊。”

这就是泽形的女儿吗？素子平时难得见到她。

她为什么脸色这般难看？

“爸爸！”茜子叫嚷着走过来，一把拉住泽形的手，“跟我回家吧。”

“好的，不要急，我自己走。”泽形回过头，笑着对素子致谢：“多谢你的帮助！”

“不客气……”

茜子拉着父亲往家里走，同时满怀敌意地斜视着素子，“你不要多管闲事，难道不知道吗？”

看到对方气势汹汹的样子，素子吃了一惊，一时说不出话来。

“我当时真是大吃一惊！”晚餐的时候，素子对家人这样说道。

“她就是这样的人。”光子点点头，“你当时吓坏了吧？”

“她那副凶相您受得了吗？”

光子端起茶碗，说道：“这个小姐真是越来越不像话了，竟然当着你的面说出这种失礼的话来。”

“嗯…… 虽然看到茜子这样我有些吃惊，但没想到泽形先生会突然老得那么快。”

“邻里街坊也有这样的议论。”光子道，“泽形先生已经退休了。他好像在退休后一下子老了许多。”

“不过，我总觉得他的变老不是那么简单呢。”

“连下车的车站都忘了，真没想到。听说他白天常常去公园，坐在条凳上发呆，和以前的泽形先生完全判若两人。”

安西听着母女俩的对话，同情地叹了一口气，“真是个可怜的男人，他失魂落魄地忙乱着，不知道退休后该干些什么。”

光子严肃地看着丈夫，“你也得从现在开始好好地想一想了，退休后准备做些什么。”

“我真是想不通。”素子插嘴道，“他家的女儿为什么要那样凶巴巴地斜眼看着我。”

光子笑道：“我也不清楚，也许担心你对他的父亲说了什么她的坏话吧。”

“不要再犹豫了。”茜子说，“爸爸，如果放任不管，这事会越来越严重的。”

“这倒是真的。”清子附和着，“这种事无法想象，只有那个人才干得出来。”

尽管受到丈夫的批评，清子还是向好几家客商打电话询问，对方无一例外地先是吃惊，接着又说“我们再送一次”。

托这些人的福，泽形家又多了七八个赠品箱，茜子就是来娘家拿赠品的。

茜子道："该怎么对待那个邻居呢？我觉得完全可以起诉他们，但爸爸好像不愿那么做。"

就在这时，大门的门铃响了。

"来啦！"清子应答着立刻起身朝门口的对讲机方向走去。

"是谁来了？"丈夫探出头来问道。

"我这就去看看。"

"快去，如果是送赠品的马上把赠品拿回来。"

泽形非常认真地说道。

"放心吧，错不了。喂，你是哪一位？"

对方回答是百货公司派来送赠品的。

于是，清子走出大门，收取了一份中元节的赠品。

泽形见了赠品后，口中不停地念叨着："太好了，太好了！"

清子也兴致勃勃地说道："是水田君那儿送来的，不知是什么赠品，我去打开看看。"

泽形跟着清子走进客厅，一边还念叨着："是啊……那太好了。"

茜子道："看来爸爸也是喜欢礼品的哟。"

泽形点点头，"我当然喜欢，也是忘不了的。"

清子打开了赠品的包装纸，突然停止了动作，若有所悟地说了声："原来是这样啊。"

茜子问道："怎么啦？"

"我突然有个想法。"清子看着茜子，"我们和你父亲三人一起去温泉泡澡怎样？"

"温泉？"茜子有些犹豫，"不安顿好照夫，我出不去呀。"

"当然把照夫也带去喽。小孩应该不会怕泡温泉吧？"

"那叫我先生也一起去行吗？他没有暑假，还没有和我们一起玩过呢。”

“好吧，好吧。”清子笑道，“那你问问卓郎什么时候有空，我们再安排行程。”

“太好了。”茜子赶紧拿起手机给丈夫打电话。

母女俩正聊得起劲，根本没有注意到泽形一边轻轻地咳嗽着，一边悄悄地走出了客厅。

“这下好了……”泽形自语道，“这事不用麻烦邻居就结束了……太好了……”

小　屋

这也许绝不是单纯的偶然现象。

即使不能说是神灵的神通广大，也应该视作一种超人类的“意志”作用。

半夜，素子突然感到口渴而惊醒了，这种现象过去非常少见。

“肯定是晚饭的菜太咸了。”素子嘀咕着起了床，然后走进厨房，从冰箱里拿出一罐乌龙茶慢慢地喝起来。

突然，客厅里的电话铃响了。

“啊，现在是什么时候了？”素子暗自纳闷，抬头一看，挂钟的时针正指着凌晨两点。

素子有些犹豫。这个时间段过去从没有电话打到家里来。

如果是关系密切的亲友，一般会直接打手机的。

随它去吧，不用接这个电话！

素子心里这样想着，却不由自主地走进客厅，打开灯，拿起了电话筒，“喂，喂！”素子睡眼惺忪地叫道。

“您这儿是安西先生的家吗？”对方的声音很轻，似乎相隔的距离较远。

“是的……”

“那您是……”素子觉得这个声音很熟，一下子想了起来，“您是泽形先生吧？没错，就是您。”

“我是泽形，你是……”

“我是安西素子，前些天在公交车上见过您。”

“果然是你啊。太好了。”

“有什么事吗？”

“最近这段时间一直给你家添麻烦了。”

“您说什么啦？”

“我有事拜托你。”

“拜托我？什么事啊？”

“我的时间不多了。”

“这？”

“自己的事只有自己知道，现在我还有一个心愿未了，就是想听听你吹奏长笛。”

“吹奏长笛吗？可是……”

“已经没时间了。我就拿着电话筒听吧。”

“就现在吗？”

“对。我提出这种无理的请求实在对不起，不知道可以吗？”

“知道了，”素子说，“我这就去取长笛，请您稍等一下。”

素子赶紧到自己的房间取了长笛回来，并把分成三截的笛管连接起来，然后拿起电话筒，“喂，喂！泽形先生，我要吹了，你在听吗？”

“嗯，我在听。”

“好吧，我开始吹了，吹得不好您不介意吧？”

“哦，没关系！”

素子把电话筒轻轻地放在桌子上，拿起长笛吹了起来。

她过去吹的都是练习曲，很少像今晚表演一样地单独吹奏一首曲子。

素子凭着自己的记忆，慢慢地吹起一首《摇篮曲》。

在万籁俱寂的深夜，这委婉亲切的乐声像泉水一般静静地流淌着……

一曲吹完，素子对着电话筒羞涩地说道："我只会吹这样的曲子。"

泽形感激地回答："吹得太好了，谢谢，谢谢！"

"泽形先生……您在哭吗？"

"对不起，年纪大了，就控制不住自己。真的非常感谢！"

"不用谢，这点小事，算不了什么……"

"我真的很开心，再次感谢！"

"谢谢您的夸奖。"

"那就再见了。"

"晚安！"

挂上电话后，素子依然拿着电话筒一动不动地呆立着……

首先看到这条电视新闻的是光子。

"啊呀！"她发出一声惊叫，失神地盯着电视。

"妈妈你怎么啦？"素子不解地问道，随即也朝电视看去。只见电视上正显示出泽形的照片。播音员旁白道："泽形先生和家人外出旅游时发生了意外。昨天深夜，警方在旅馆后面的树林中发现了上吊自尽的泽形先生的尸体。"

素子听了并没有特别吃惊，似乎已经有了这样的预感。

光子惊诧地叹道："怎么会发生这样的事呢？"

电视上的泽形照片表情复杂，似乎在传递某种难以言喻的信息。

“真可怜哪！”光子又发出一声叹息，“他失去了工作，也失去了活下去的信心。”

悲剧还在延续。

那天晚上的电视新闻中，素子一家又听到了“泽形的妻子清子紧随其夫而去，在旅馆附近的桥上跳河自尽”的噩耗。

“是谁在敲门？”安西揉着眼睛问道。

“这么早就有人来，真是怪事……”光子伸着懒腰，慢慢地起了床。

今天是星期天，现在才早上刚过八点。

“请问你是哪一位？”光子走到门口的对讲机前，刚问了一句就“哎呀”地惊叫了起来。

“妈妈，你怎么啦？”穿着睡衣的素子走了出来。

“是百货公司的送货员，给泽形先生送赠品的。”

母女俩不禁面面相觑。她们事先并没有得到邻家的寄存委托。

“请稍等！”光子慌忙换上外衣，朝大门口走去。

打开大门，光子不由得愣住了。三个送货员一起站立着。

“我们都是给泽形先生家送赠品的。”其中一人这样解释道。

三个送货员代表三家百货公司，每人抱着五六个赠品盒。

“那……请进吧，”光子说着开了大门，自己率先往里走，“请把东西放到那间小屋里。”

光子在所有的送货单上代签了字后，终于轻松地舒了一口气，“东西暂时放在这儿没问题，但我们该怎么处理呢？”

素子安慰道：“不要紧，他家还有女儿在嘛。”

“对，那就赶快和她联系吧。”

刚关上大门，门铃又响了。

光子开门一看，一个浑身是汗的送货员双手抱着小山似的赠品站在门口。

送货员道："这是送货公司送给泽形先生的赠品。"

"好吧，就送到那间小屋去。"

送货员刚走，一辆小型送货卡车又驶到安西家的门口停住了。

"这是怎么啦？"光子不由得大吃一惊。

"妈妈。你看！"素子指着小屋里各种写着"残暑慰问"字样的赠品，对光子说道，"还有这送货单上的留言。发货商各不相同，但留言的字是相同的。"

"噢，这倒是真的。"

素子道："同一个人，花大钱从四面八方给泽形先生送赠品，这是为什么？"

光子恍然大悟："这个字我见过，是清子写的啊。"

素子愕然："是清子夫人写的字？"

母女俩赶紧看着送货单上的留言："我们去温泉……外出期间，请把赠品送到自己的家，也就是送回家。"

"怎么会有这样的事？"素子惊呆了，"这到底是为什么？"

光子感到胸口一阵疼痛，"清子把这间小屋都快塞满了。"

那天，安西家的门铃响个不停，各种赠品不断地堆积在那间小屋里。

到了晚上，整间小屋都塞满了赠品。

素子惊得瞪大了眼睛，"这么多啊，吓死人了！"

小屋里，如山的赠品似乎变了形，幻化为清子端坐的形象，她的脸上露出高傲、满足的微笑。

"妈妈！"

"怎么啦？"

素子轻轻地说道："这个年末不会有人再来送赠品了。"